Günther Melchert • Prinzessin Svea zwischen Wölfen und Lämmern

GÜNTHER MELCHERT

Prinzessin Svea zwischen Wölfen und Lämmern

Eine fantastische, märchenhafte Erzählung, die im Mittelalter spielt

FRIELING

Bibliografische Information der Deutschen Nationalbibliothek
Die Deutsche Nationalbibliothek verzeichnet diese Publikationsreihe in der Deutschen Nationalbibliografie; detaillierte bibliografische Daten zur Reihe sind im Internet über http://dnb.d-nb.de abrufbar.

Eine Marke der Frieling & Huffmann GmbH & Co. KG
Rheinstraße 46, 12161 Berlin
Telefon: 0 30 / 76 69 99-0 · Fax: 0 30 / 7 74 41 03
Internet: www.frieling.de · E-Mail: redaktion@frieling.de

ISBN 978-3-8280-3735-9
Auch als E-Book erhältlich (ISBN 978-3-8280-3736-6).
1. Auflage 2024
Bildquelle: Viktoria Wagner, pixabay

Printed in Germany

Kapitelübersicht

TRAGENDE PERSONEN:

König Sandanger	aus dem hohen Norden ohne Macht
Gemahlin Lalande	nach eigenwilliger Expedition verschollen
Prinzessin Svea	bildhübsche Tochter des Königspaares
Carlo	Hofnarr, Puppenschnitzer, Puppenspieler und Sänger
Krapp	der bösartige Herrscher über den gesamten europäischen Kontinent mit düsteren Visionen
Janosch	ein genialer, anfangs naiver Erfinder, in Krapps Hand, in reich ausgestatteter Kate mit toller Aussicht, aber hinter verschlossenen Türen
Ramon	ein junger Goldschmied aus Lissabon mit nordafrikanischen Wurzeln, unsterblich verliebt in Prinzessin Svea

WEITERE MITWIRKENDE:

Betreiber und Kunden eines großen Marktes
unter Aufsicht von Gendarmen

Angestellte im maroden Königsschloss in Austria – von Ministern über Hofdamen bis Pagen –, Ammen, Zofen und Gesinde, Gefängniswärter und Henker … dazu zahlreiche Komparsen

Krapps Bedienstete, Mätressen, Ratgeber, Gäste in seinem Schloss in den Karpaten

Brave Bauersleute auf ihrem Hof in der Bretagne – mit der jungen hübschen Jeanne und ihrem kleinen Neffen Pierrot

Rudel grauer Wölfe auf dem Weg über den Ural nach Westen – ein einzelner Wolf im Wald – Wildbolz, Hengst der Königin

Lämmer und Wölfe – auch im übertragenen Sinn
kleiner, brauner putziger Bär als wichtige Traumgestalt

ZEIT: vom 13. bis 17. Jahrhundert

ORT:

<u>Territorium:</u> ein fiktives Riesenreich, welches das gesamte europäische Abendland umfasst
<u>Schauplätze:</u> Lissabon – die Bretagne – das Land Austria – Prinzessin Sveas Heimatland im hohen Norden vom Hörensagen – Fjorde zwischen Norwegen, Lofoten und Spitzbergen …
<u>Zuletzt:</u> eine geheimnisvolle Insel im nordatlantischen Ozean

1. Kapitel

Der junge Goldschmied Ramon himmelt in Lissabon die hinreißende Prinzessin Svea an

Es war einmal ein großes Königreich, in dem die Sonne nicht unterging. Vom hohen Norden – von einer Insel, aus deren Boden heiße Quellen sprudelten und Geysire riesige Fontänen in den Himmel schossen, und Skandinaven – erstreckte es sich nach Süden bis zu den glutflüssige Lava speienden Vulkanen auf Sizilien – und von den dichtbewaldeten Hängen des Uralgebirges im Osten bis nach Westen zur zerklüfteten Küste des Atlantischen Ozeans.

Regiert wurde das Land von dem verarmten König Sandanger, dessen Gemahlin nach einer eigenwilligen Expedition auf eine Insel im nordatlantischen Ozean seit vielen Jahren als verschollen galt. Beherrscht wurde das Land vom reichsten Manne des Kontinents, dem düsteren Kretin Krapp …

Während einer Besuchsfahrt kam der überall beliebte König auch auf die Pyrenäenhalbinsel, in ein Land, Portugal genannt, in dem Olivenbäume und Pinien den Wegrand säumten wie anderenorts Birnen- und Pflaumenbäume und wo Weintrauben auf Feldern geernet wurden wie anderswo Rüben.

Spätnachmittags fuhr der König auf einer von zwei Schimmeln gezogenen Kalesche durch die Stadt Lissabon, begleitet von seinem Töchterlein, dem Ersten Minister sowie von einem in Samt gekleideten Pagen, der auf dem Bock saß neben dem die Peitsche schwingenden und die Rosse lenkenden Kutscher. Aus der Ferne wurden vom Wind das Branden der See und das Rauschen der Fluten des Flusses Tejo herübergetragen, der in Lissabon seine Wasser ins offene Meer ergießt. Die Menge stand dichtgedrängt in Straßen und Gassen und jubelte der Königsfamilie zu.

Doch in den Freudenbecher über den gelungenen Zug fielen schwere Wermutstropfen. Lalande, die Gemahlin des Königs, war seit Jahren verschollen, und um ihrer ehrenvoll zu gedenken, aber auch als Zeichen, dass der Platz für sie reserviert war, blieb der Sitz zur Rechten des Königs leer. Das führte zu Missverständnissen, und so entstand die Überlegung, auf den Platz der Königin ihr Porträt zu stellen. Das jedoch hätte weitere Missverständnisse nach sich ziehen können, weil solche Bildnisse als Mahnmäler auf Friedhöfen zu finden waren. Da kam König Sandangers findiger Hofnarr Carlo auf den Einfall, Lalandes Sitz mit einer flauschigen, einladenden Decke auszustatten und über dem Sitz zum Schutz vor Wind und Wetter oder extremem Sonnenschein einen Baldachin anzubringen. Sobald das Volk diese Ausstattung gewahrte, brach es in hellen Jubel aus, denn wie von Carlo geplant, wirkte die Ausstattung so, als stände die Königin auf dem Sprung, beim nächsten Halt den ihr gebührenden Platz einzunehmen. So geschah es auch in Lissabon. Die Ecksitze der Kalesche wurden von lebensgroßen, Menschen täuschend ähnlich nachgebildeten Puppen besetzt.

Nur einer aus der Menge hatte dies bemerkt: der junge Goldschmied Ramon, ein großer, schlanker Portugiese, abstammend von in Nordafrika beheimaten Völkern. Seine Haut war braun, wie in Bronze getaucht, und seine schwarzen Haare wallten bis auf die Schultern. Über seinem anziehend geformten Mund wucherte ein wilder Lippenbart, der sich jetzt heftig bewegte, und Ramon spielte an einem neben seiner schmalen Nase sitzenden Leberfleck, wie er es immer tat, wenn sein Blut in Wallung geriet.

Dass er, die Umstehenden fast um Haupteslänge überragend, dermaßen aus dem Häuschen geraten war, wie seine junge Schwester es später jungmädchenhaft umschrieb, lag an der Königstochter, der Prinzessin Svea. Die Kunde von ihrer Schönheit hallte wider im ganzen Königreich, aber Ramon schienen alle Beschreibungen nichtssagend und fade im Vergleich zu ihrer tatsächlichen Erscheinung. Ihr Haar war so fein, wie aus den Fäden von Seidenraupen gesponnen, und es glitzerte, als habe die untergehende Sonne einen rotgoldenen Glanz darüber gegossen. Ihre wie Jade schimmernden Augen wechselten je nach ihrer Stimmung, und wie sich das Licht in ihnen brach, den Ausdruck wie eine Landschaft im Sonnen- oder Mondenschein. Am Tag sah ihre zarte blasse Haut aus wie Elfenbein, aber in der Nacht schien sie sich in Alabaster zu verwandeln. Über Hals und Oberarme wanderten blaue Äderchen wie Rinnsale. Ihre fein geschwungene Nase war mit Sommersprossen gesprenkelt, die ihren Liebreiz noch hervorhoben – wie ein wertvoller Schmuck dadurch bestechen kann, dass ihm ein Hauch Vollkommenheit fehlt. Wenn sie lachte, zeigten sich lustige Fältchen auf ihrer Nase, aber ihr kleiner, voller Mund neigte sich in den Winkeln zum weichen Kinn hin, wie um davon Kunde zu tun, dass sie oft traurig war, weil die Mutter verschollen war und weil ihr Vater, König Sandanger, von Krapp nur noch zum Repräsentieren missbraucht wurde – traurig auch, weil sie anstatt mit Hofdamen und Gespielinnen mit Puppen vorlieb nehmen musste. Diese Gemütsbewegungen vermochte Ramon freilich nicht aus ihrem Gesicht abzulesen, allenfalls zu erahnen, zumal es von einem hohen Hut überschattet war; aber was Ramon sah, das genügte, um ihn völlig in Verwirrung zu stürzen.

Von einer Sekunde auf die andere verliebte er sich in die in ein schlichtes, helles, bis auf die Knöchel wallendes Reisekleid gewandete Prinzessin, deren in Spitzenhandschuhen steckende Finger während der Fahrt aufgeregt an der Tür der Kalesche spielten.

„Was ist denn das für ein sonderbarer, großer junger Mann?“, dachte die in die Menge blickende Prinzessin, der Ramon aufgefallen war. „Haare wie ein Mädchen und ein Gesicht wie ein wilder Beduine“, verglich sie, doch schon war die Kalesche an Ramon vorbeigebraust, dessen Blick sie unwillkürlich erwidert hatte, und sie vergaß ihn vorab.

Die Prinzessin entfachte in Ramon jedoch so heiße Liebesglut, dass er keine Nacht mehr schlafen konnte. Bevor er in Schlummer versank, galt sein letzter Gedanke ihr, und wenn er aufwachte, war sein erster Gedanke: sie, und auch bei Tage vermochte er an kaum etwas anderes zu denken als an ihr feines Gesicht und ihre liebreizende Gestalt. Aber was ihn in gleichem Maße an sie fesselte, war ihr trauriges Schicksal, und er beschloss, über Hun-

derte von Meilen hinweg zum Palast des Königs zu wandern; seine Gefühle für die Prinzessin Svea ließen ihm keine andere Wahl: Er musste sie wiedersehen.

„Wenn der König mich bei Hofe als Goldschmied anstellt, kann ich meinen kühnen Traum vielleicht verwirklichen“, überlegte Ramon, und er sah in der Fantasie die Prinzessin Schmuck tragen, der von seiner Hand gefertigt worden war. Dass der Palast, den der König auf Geheiß von Krapp gegen seine im Land der Fjorde und Seen liegende heimatliche Residenz hatte eintauschen müssen, am Fuße der Berge von Austria lag, begünstigte Ramons kühnes Vorhaben, denn er war nur halb so weit entfernt wie die Länder im hohen Norden.

Um Prinzessin Svea Tag und Nacht vor Augen zu haben, malte Ramon aus dem Gedächtnis ihr Bild, so klein wie einen Fingernagel, und versenkte es in einem Medaillon, das er an einer güldenen Kette befestigte, die er sich um den Hals legte, und er segnete den Tag, als ihm zum ersten Mal der Gedanke gekommen war, nicht nur Bilder in üblicher Größe zu malen, sondern auch in Miniatur. Sobald er von Sehnsucht übermannt wurde, also mehrfach bei Tag und in der Nacht, betrachtete er das Medaillon, und manchmal hauchte er einen zärtlichen Kuss auf Prinzessin Sveas Abbild …

2. Kapitel

Ein düsteres Schloss in den Karpaten

In einer einsamen, waldreichen, hügeligen Landschaft in den Karpaten erhob sich auf einem Gipfel, durch einen schmalen, halbwegs ausgefahrenen Pfad nur schwer zugänglich, ein altes Schloss.

Dort herrschte geschäftiges Treiben. Zahlreiche Besucher wurden aus nah und fern zu einem strahlenden Festbankett erwartet, das seinen Höhepunkt in einem Mitternachtsball finden würde. Vorbereitungen wurden getroffen für bengalische Beleuchtung, Illumination des Schlosses und ein protziges Feuerwerk, das in den nächtlichen Himmel geschossen werden sollte.

Einige Gäste sahen, als sie sich dem Schlosse näherten und ihre Köpfe aus der holpernden Kutsche streckten, über den Spitzen dunklen Tanns zuerst einen Turm, von dessen Glocken sie mit Geläut begrüßt wurden, da Sonntag war; dann gewahrten sie Zinnen wie von einer Burg.

Die Gäste fuhren durch das breite, eiserne Tor des Anwesens über knirschenden weißen Kies auf den Vorhof. Steinstufen aus Porphyr führten zum Portal des Schlosses, an dessen Schattenseite sich ein von Säulen getragener Bogengang schmiegte. Der Haupteingang wurde streng bewacht von einem in eine Rüstung gezwängten und eine unbewegliche Miene zur Schau stellenden Soldaten. Er hielt einen Schild mit Karfunkeln in der linken Hand, in der rechten Hand eine Hellebarde, und auf dem Kopf trug er einen Helm mit geflügeltem Löwen. Das

Obergeschoss des Gebäudes, das einander befehdende Bauarten in sich vereinigte, in denen wahllos alles zusammengetragen war, was dem Besitzer wertvoll erschien und in dem nichts zum anderen passte, wurde von einer offenen Terrasse umwandert, auf der kichernde Mädchen lustwandelten. Das Anwesen war genauso schwer einzuschätzen wie sein widersprüchlicher Besitzer, der es angeblich jüngst einem verarmten Adeligen zu einem Spottpreis abgeluchst und es nach seinen eigenen Vorstellungen hatte umbauen lassen.

Von livrierten Dienern geleitet, wurde den Besuchern, nachdem sie sich ausgewiesen hatten, zunächst der Audienz- und Ratssaal gezeigt, in dem sie auf andere Gäste stießen, die sich ebenfalls auf einem Rundgang durch das Schloss befanden; dann besichtigten sie weitere Säle, aber auch geräumige Gemächer.

Sie ergötzten sich an Silber-Relief-Arbeiten an den Decken, an aus Sandelholz geschnitzten Nischen, mit Achat und Lapislazuli verzierten Schränken und Truhen aus Sykomore. Die Fenster waren mit Musselin verhangen und die Wände mit wertvollen Gobelins verkleidet, auf denen zu sehen war, wie Jäger im Lederwams mit wehenden Federhüten und baumelnden Jagdtaschen über Waldschneisen preschten, begleitet von Hunden, die Hirschen nachstellten. Auf einem sich zu einem großen Saal hin öffnenden, übertrieben beleuchteten und mit Gemälden überfüllten Obergeschoss hielten die Besucher vergeblich Ausschau nach der Ahnengalerie; der Schlossbesitzer konnte keine Ahnen vorweisen; die Ahnengalerie der verarmten Adeligen war von ihm eifersüchtig dem Feuer überantwortet worden.

Rosageblümter Luccadamast war über Tische mit schweren, gedrechselten Mittelfüßen gebreitet worden und handgefertigte Arras-Stickereien über Truhen und Anrichten. In der Bettnische alias Alkoven eines geräumigen Schlafgemachs ruhte breit und behäbig, von Spiegeln eingerahmt, ein messingbeschlagenes Bett, über dem sich ein mit Sonne, Mond und Sternen kitschig bemalter Baldachin wölbte wie ein Himmel.

Kristall-Lüster, wie Diamanten reflektierend, klirrten jetzt, da beim Öffnen der Tür, die weiteren Gästen Einlass bot, Zugluft in die Zimmerfluchten drang, und warfen gespenstische Schatten, da die wegen des sich ankündigenden Abends angesteckten Kerzen flackerten. Auf Tischen und Truhen standen Karaffen und venezianische Becher, Schalen aus dunkel geädertem Onyx und Goldgefäße, Silberkannen sowie Vasen aus Zinn. In einer lichtabgewandten Nische des Prunksaales verschmachtete eine Orchidee, die lieblos in eine mit zu viel Wasser gefüllte Phiole gesteckt worden war und den Kopf hängen ließ. Auf einem Tisch, an dem sich geschäftige Seelen zu schaffen machten, wurde eine Tafel hergerichtet, die von einem Bankett kündigte. In einer Kupferschale schwappte Öl. Der ungeschickte Fuß eines Besuchers hatte den Tisch touchiert.

Den Höhepunkt der Schlossbesichtigung bildete die Gnade, die Schatzkammer in Augenschein nehmen zu dürfen. In einer eisenbeschlagenen, von einem bis an die Kinnspitzen bewaffneten Soldaten bewachten Eichentruhe, die sonst fest verschlossen und deren Deckel nur für die Besichtigung hochgeklappt worden war, häuften sich kostbares Geschmeide und wertvolle Mineralien: ein Stein mit erhabenem Relief namens Kamee, ein Mondstein, außerdem grünliches Gestein aus feinen, verfilzten Strahlsteinfasern namens Nephrit, ein Edelstein mit tief eingeschnittenem Bild, der Gemme hieß, Blättchen aus behauenem Gold, silberne Arm- und Knöchelspangen, Ohrgehänge, in sechsseitigen Säulen kristallisierende Berylle, Amethyste, Perlen, Goldfliese, Opale, Chrysolithen, gelbe Topase, Saphire in vielen Farben, grüne Smaragde, rote Rubine, ein Chalzedon, ein rosa Morganit, ein Aquamarin, blau wie das Meer, auffallend ein milchigblauer Türkis von bedeutendem Umfang. Besondere Aufmerksamkeit erregte ein Alexandrit, dessen grüne Oberfläche rot schimmerte, als ein Vorhang zurückgeschlagen wurde und das Tageslicht ihn traf. Etliche Gäste steckten die Köpfe zusammen, nicht, um heimlich Bewunderung auszudrücken, sondern, weil die Vorführung total überladen wirkte und den Eigentümer als Prahlhans demaskierte. Vielleicht war auch der eine oder die andere dabei, einen Plan auszuhecken, um die eine oder andere kleine Kostbarkeit in der eigenen Tasche verschwinden zu lassen.

Nachdem den Besuchern das Schloss vorgeführt worden war, warteten sie auf den Schlossherrn. Der Herr des Schlosses war nicht etwa der König, der König war bettelarm und wohnte im Herzen Europas in einem halb verfallenen Palast: Eigentümer des hiesigen Karpatenschlosses war der steinreiche Krapp. Doch Krapp pflegte nur so viel Zeit an Gäste zu verschwenden, wie er sie als Spiegel für seine vermeintliche Größe benutzen und manchmal auch missbrauchen konnte. Sobald er Anerkennung in ihren Augen gesehen hatte, überließ er sie sich selbst. Sollten sie ihm huldigen und im Übrigen dank seiner sich selbst zugeschriebenen Großmut die Annehmlichkeiten genießen, die das Schloss in reichhaltigem Maße zu bieten hatte, oder auch nur die Aussicht ins Tal. Bei kritischen Besuchern begnügte er sich mit deren Lob, auch wenn er merkte, dass es ihnen nur widerwillig über die Lippen kam.

3. Kapitel

Das traurige Geschick von Lalande, der Gemahlin von König Sandanger und Mutter von Prinzessin Svea

Eingehende Rückblende auf das Leben der königlichen Familie

So großzügig das riesige europäische Reich in jener Zeit auch angelegt war, so entsprach dies der Gesinnung von König Sandanger und seiner Gemahlin Lalande. Auf großem Fuße lebten sie jedoch nicht, obwohl Krapp diesen Vorwurf in seiner hinterhältigen Art verbreitete.

Selbstredend liebte Lalande es, „sich fein zu machen“, wie das Volk es umschrieb. Entsprechend war ihre Garderobe ausgestattet – mit eleganten Kleidern, Morgen- und Nachtgewändern, vieles aus Seide, dazu angemessener Fußbekleidung und was Königinnen sonst noch zu tragen pflegen. Ein großes Thema war auch ihr Geschmeide. Ihrem Wesen entsprechend, trat sie vornehm auf, aber nicht protzig, sondern dezent, und dezent schminkte sie sich auch mit einem Hauch von Puder und leichtem Lippenrot. Eine Vorliebe hatte sie indes für Perlen, und so schmückte sie sich mit Halsketten, Ringen, Ohrringen, auch mit einzelnen Kügelchen aus Perlmutt, mit denen sie ihre zierlichen Ohrläppchen erstrahlen ließ.

Irgendwann kursierte bei Hofe eine kleine Anekdote: Ein zwölfjähriges Mädchen, das zum Hofstaat gehörte, hatte ein großes Frauenohr gezeichnet, das – sogar im Innern des Ohres – mit lauter kleinen Perlen bestückt

war. Die Mutter fürchtete, ihr Töchterchen wollte sich über die Königin lustig machen, doch die Kleine stellte richtig: „Warum sollte ich? Ich habe die Königin doch gern.“ Dann erklärte sie ihr buntes Bildchen: „Die inneren Ohren werden auch Ohrmuscheln genannt, nicht wahr, Mutti? Woher stammen Perlen? Aus Muscheln, und so ist mein kleines Bild zu verstehen.“

Als Lalande diese Geschichte zu Ohren kam, staffierte sie die Ohren der kleinen Künstlerin mit je einer Perle aus, woraufhin die Königin noch weiter an Ansehen gewann …

Nicht lange danach überreichte König Sandanger seiner Lalande zum Anlass ihres Geburtstags feierlich ein kleines schwarzes Kästchen. Als sie es öffnete, wurden ihre blauen Augen noch größer, als sie ohnehin waren. In dem Kästchen ruhte, weich eingebettet, ein doppelreihiges Perlenarmband, das mit einem tiefdunkelblauen Juwel verfeinert war. Zunächst strahlte Lalande mit dem Perlenarmband um die Wette; doch dann verdüsterte sich ihr Antlitz wie die Sonne, wenn sie plötzlich von einer dunklen Wolke verdeckt wird. Ihr Gemahl fragte erschrocken: „Warum schaust du so enttäuscht in die Welt? Gefällt dir das Armband nicht?“

Lalande antwortete: „Doch, es ist ein Traum, aber wegen der Engpässe in unserer Kasse darf ich es nicht annehmen. Mit deiner Großzügigkeit bringst du uns noch tiefer in Teufels Küche, sodass Krapp seine Wolfskrallen noch tiefer in unsere Seelen schlagen kann.“

Da erwiderte der trotz seiner Würde charmante und humorvolle König Sandanger lächelnd: „Gemach, liebste

Gespielin – verzeih, ich wollte selbstverständlich Gemahlin sagen –, aber das Armband ist nicht im Entferntesten so wertvoll, wie es den Anschein erweckt. Die Perlen sind nur Zuchtperlen, und das Juwel ist ein Lapislazuli, also nur ein Halbedelstein. Und dennoch spiegelt er die Aura deines Augenlichtes wider."

Da umarmte sie ihn, bedankte sich überschwänglich und erwiderte: „Auch wenn sich der reelle Wert des Armbands in Grenzen halten mag, durch die Liebe, mit der du es ausgewählt hast, ist der ideelle Wert unermesslich."

Ihre Lieblingszofe erlaubte sich im Zusammenhang mit der Vorliebe, welche die Königin für Perlen hatte, einen Scherz, indem sie eine Freundin fragte: „Ist dir schon einmal das perlende Lachen unserer Herrin aufgefallen?"

Just in diesem Augenblick fiel den beiden etwas anderes auf, und sie fühlten sich blamiert: Sie vernahmen eben dieses perlende Lachen – und zwar von Königin Lalande persönlich. Sie hatte das Wortspiel ihrer Zofe mitbekommen, war aber nicht gekränkt oder bedrückt, sondern vergnügt …

Auch sonst zählte Sandangers Gemahlin nicht zu den Königinnen, wie sie im Buche stehen. König Sandanger hatte lange um ihre Gunst freien, sogar kämpfen müssen, bevor Lalande bereit war, ihre Bedenken zurückzustellen und seine Gemahlin zu werden.

Wegen ihrer Eigenwilligkeit fühlte sie sich den Anforderungen nicht gewachsen, die bei Hofe an eine Königin gestellt werden. Doch es gelang König Sandanger, sie davon zu überzeugen, dass die Aufgaben einer Königin in einem so unermesslich großen Reiche wie dem neu zu gestaltenden Europa nicht mit bisherigen Königreichen zu vergleichen seien und großzügigere Maßstäbe angewendet werden sollten. Seine Begründung lautete: „Du bist so liebenswürdig, sogar im Umgang mit völlig Fremden, dass deine Eigenheiten dich nicht zu Fall bringen werden; und solltest du ins Straucheln geraten, werde ich dich auffangen.“

Als er dies sagte, dachte er daran, dass sie wie ein junger Springinsfeld auf dem Rücken ihres Lieblingshengstes Wildbolz alle Hürden mühelos überwunden hatte. Schließlich war sie einverstanden und gewann auch schnell die Herzen ihrer Untertanen. Wie einfühlsam die Königin war, zeigte sich daran: Als Wildbolz sich bei einem Sprung über eine Hecke die Fußfessel verletzte, ersparte sie ihm künftig zu springen …

Bei Hofe wahrte sie zwar die Etikette, sowohl mit ihrem Verhalten, ihrer Ansprache als auch mit ihrer Bekleidung, ansonsten war ihr Umgang jedoch leger, und wenn sie es mit gütiger Unterstützung ihres Gemahls glaubwürdig vermitteln konnte, dann blieb sie Staatsakten, Festivitäten und Banketten fern. Aber wenn sie es nicht umgehen konnte oder wollte oder auch wenn ihr danach zumute war, gab sie, zumal sie eine elegante Tänzerin war, mit ihrem Gemahl auf dem Parkett eine gute Figur ab – nicht nur, wenn die beiden eine rauschende Ballnacht eröffneten …

Zum Königsschloss gehörte ein Gestüt. Wie erwähnt, besaß Lalande einen Lieblingshengst, und sie war in ihn so vernarrt und er in sie, dass sie oft schon vor dem Frühstück miteinander ausritten. Aber die Ausgaben für das Gestüt hielten sich in Grenzen. Auch sonst stellte Lalande an ihren Gemahl keine unerfüllbaren finanziellen Anforderungen; andererseits machte sie sich zumindest in der ersten Zeit ihrer Ehe keine Gedanken hinsichtlich von Beschränkungen. So lebte ihr Gemahl über seine Verhältnisse und überhäufte sie mit Präsenten, und nicht immer fand sie die Kraft, diese zurückzuweisen, zumal er nach ihren Verweigerungen wie ein kleiner Junge das Gesicht verzog wie hundert Tage Regen.

Irgendwann führten beide miteinander ein Gespräch, das munter begann, sich aber verheerend auswirken sollte, zumal das Ergebnis von einer bei Hofe spionierenden Gesellschafterin ihrem Hintermann Krapp zudem verzerrt zugetragen wurde …

Der König liebte seine Lalande so sehr, dass er es nicht übers Herz brachte, ihre Wünsche abzulehnen oder sogar in den Wind zu schlagen. Als es ihr bewusst wurde, zügelte sie ihre Wünsche. Aber ihr Gemahl ließ sich immer wieder etwas einfallen, um sie zu zerstreuen und ihr Herz zu erfreuen. Auch an jenem Tag, von dem nunmehr die Rede sein wird.

Viele Männer versprechen der Liebsten, ihr die Sterne vom Himmel zu holen – auch Könige bilden in dieser Hinsicht keine Ausnahme, aber weil Könige in der Regel betuchter sind als Männer von der Straße, kann dies verheerende Folgen nach sich ziehen. Als König Sandanger seiner Lalande die Sterne zu Füßen legen wollte, war sie zunächst zu Freudentränen gerührt, zog aber dann, als sie die Auswirkungen bedachte, die Stirn kraus und erwiderte in ihrer schelmischen, bisweilen oberflächlich scheinenden Art: „Liebster, lass die Sterne dort, wo sie sich befinden, am Himmel, da sind sie zu Haus.“ Dann beging sie einen verhängnisvollen Fehler, denn sie fügte hinzu: „Einige kleine Burgen und Schlösser – etwa an der Donau, der Loire oder am Rhein – wären natürlich nicht zu verachten – und sei es nur zum Betrachten …“

Ihr Gemahl war irritiert, merkte aber in seiner verliebten Verblendung nicht, dass sie ihren Gegenvorschlag nicht wörtlich gemeint und, wie sich später herauskristallisierte, nicht auf Lustschlösser, sondern auf Luftschlösser angespielt hatte. Ihren einschränkenden letzten Halbsatz, mit dem sie, zumal in Reimform, ausdrücken wollte, sie zähle zu jenen Frauen, die lieber schauen als besitzen, hatte er nicht mitbekommen. So hatte er ohne zu zögern seiner innig geliebten Frau – ohne deren Wissen und sogar gegen ihren Willen – in verschiedenen Abschnitten des riesigen Kontinents Europa etliche Schlösser und Burgen gegen Unsummen erstanden, einige sogar errichtet und sich auf diese Weise finanziell nicht nur übernommen und verschuldet, sondern sogar ruiniert. Dass es mit dem Kaufen und Erbauen von Burgen und Schlössern nicht getan war, dass immense Folgekosten entstehen würden, dass die Bauten unterhalten, betreut, renoviert und saniert werden müssten, dass Personal beiderlei Geschlechts angeheuert werden müsste – vom Hausmädchen, über Köchinnen, Wäscherinnen, Handwerker, Gärtner bis zum Bademeister –, daran verschwendete König Sandanger keinen Gedanken.

Zu spät erinnerte er sich an ein Geplauder, dass er mit Lalande eines Morgens geführt, nachdem ein Küchenmädchen das Frühstück aufgetragen hatte.

ER: Als kleines Mädchen hast du vermutlich mit Puppen gespielt. Hattest du auch eine Puppenküche?

SIE: Ja, aber ich habe meine Puppenküche mit Verachtung gestraft. Ich war neidisch auf die Ritterburg meines älteren Bruders und habe so lange gequengelt, bis er mich mitspielen ließ.

ER: Welche Figuren hast du gegängelt? Die Burgjungfrauen?

SIE: Die übliche Rollenverteilung in Spielen, später auch im Spiel des Lebens, lockte mich nicht hinter dem Ofen hervor, sonst hätte ich mich nicht so lange gesträubt, deine Königin zu werden. Als junges Mädchen habe ich mich bei den Reiterspielen der Ritter hervorgetan und mich krankgelacht, wenn die hohen Herren von ihren Rossen plumpsten.
ER, nun auch selbst lachend: Jetzt weiß ich auch, warum du so gern reitest und dich wohl gleich wieder auf deinen Wildbolz schwingen wirst …

Krapp, der Mann mir dem größten Vermögen des Riesenreichs, somit auch der mächtigste, lag ständig auf der Lauer, um aus den Schwächen des Königs Kapital zu schlagen. Eine besonders schwache Stunde nutzte Krapp gewissenlos aus, indem er, fürsorglich tuend, dem König, als dieser wegen seiner immensen Ausgaben für Burgen und Schlösser gewaltige Liquiditätsdefizite offenbarte, anbot, ihm hohe Geldsummen zu leihen – gegen Wucherzinsen. In seiner Not, da ihm das Wasser bis zum Halse stand, erklärte der König sich einverstanden, obwohl ihm schon damals hätte klar sein müssen, dass er niemals in der Lage sein würde, auf legalem Wege diese Verbindlichkeiten zu tilgen.

Krapp war nicht nur habgierig und machtbesessen, er verabscheute die Schwäche des Königs seiner Gemahlin gegenüber umso mehr, weil Krapp seinerseits Frauen nur als Gespielinnen betrachtete und der König, seinen Gefühlen Lalande gegenüber hilflos ausgeliefert, sich deren vermeintlichen Wünschen nicht widersetzen konnte. Aber auch wegen seiner menschlichen Verbindlichkeit wirkte der König auf Krapp schwächlich, seine Umgebung, die andere Maßstäbe anwendete, wertete den König hingegen als großzügig. Jedenfalls lehnte der König Krapps Ansinnen ab, seine Untertanen über Gebühr zur Kasse zu bitten – etwa durch die zusätzliche Erhebung unzumutbarer Steuern. Und so beschloss Krapp, bei nächster Gelegenheit den König noch stärker unter Druck zu setzen, um nicht zu sagen, ihn zu erpressen. Er ging leider zu Recht davon aus, dass sich irgendwann eine günstige fatale Gelegenheit ergeben würde …

Im Laufe der Jahre wurde Lalande immer eigenständiger. Dass sie auf diese Weise ihren König trotz ihrer Liebe indirekt in seinem Ansehen herabsetzte, bedachte sie in ihrer kindlichen Art nicht und rang ihm schmeichelnd das Versprechen für eigene Expeditionen ab – auch als Ausgleich zu ihrem Missvergnügen auf staatlichen Empfängen und Banketten, an denen sie sich nicht immer vorbeimogeln konnte. Sie träumte davon, im Laufe der Jahre das weitläufige Land, schließlich sogar den gesamten Kontinent, nicht nur zu durchstreifen, sondern auch zu erkunden. Um unerkannt zu bleiben, verkleidete sie sich und umgab sich ausschließlich mit Begleitern und Begleiterinnen, die ebenfalls verkleidet waren, damit sie sich nicht als Beschützer und Beschützerinnen verrieten.

Schweren Herzens, zumal er wegen der liebevollen Hingabe an seine Lalande deren Abwesenheit kaum verkraftete, stimmte der König zu. Die Folgen bedachte er ebenfalls nicht. Es tauchten Gerüchte auf, Lalande sei eine Fee, und so zöge es sie ins Land ihrer Mütter und Väter, ins Feenland. Dass sie klein, zierlich, fast zerbrechlich und außergewöhnlich hübsch war, gab diesem Gerücht Nahrung. Da und dort weiteten sich die Gerüchte sogar zu der Vermutung aus, sie sei vielleicht eine Nymphe, eine Nereide oder eine Najade. Geschöpfe dieser Spezies leben zeitweise im Wasser – Nereiden beispielsweise im Meer, und so schien die zeitweilige Abwesenheit von Lalande plausibel …

Aber, wie jemand es ausdrückte: So wie auf den Winter unversehens der Frühling folgt, kam auch Lalande immer wieder zurück. Wie eh und je behandelte sie ihr jeweiliges Gegenüber nicht nur höflich, wie es ihrer Stellung bei Hofe entsprach, sondern außerordentlich freundlich, gütig, zuvorkommend und liebenswürdig. Und da ihrer Erscheinung und ihrem Wesen auch objektiv enormer Liebreiz, ja sogar ein großer Zauber innewohnte, wurde sie vom Volk nicht nur akzeptiert, sondern verehrt und geliebt, obwohl oder weil sie sich oft rar machte.

Ihr Ruf wurde kein Jota beschädigt und wuchs sogar in den Himmel, als bekannt wurde, dass einer der schönsten Sterne des Weltalls ihren Namen trug. König Sandanger hatte seiner Gemahlin zwar keine Sterne vom Himmel geholt, aber den – soweit bekannt – schönsten für uns Menschen sichtbaren Stern nach ihr benannt und gewidmet: LALANDE …

Was dem König außer ihrer häufigen Abwesenheit Kummer bereitete und Krapp zusätzlich in die Karten spielte und seine schwarze Seele mit Freude erfüllte: König Sandangers Gemahlin nahm unverhältnismäßig hohe Geldsummen mit auf Reisen. Und erneut brachte Krapp die Gerüchteküche zum Kochen. Wozu diente das Geld? Um den geheimnisvollen, sagenumwobenen „blauen Saphir" ausfindig zu machen und zu erwerben, der angeblich die ganze Welt zusammenhält? Hofnarr Carlo, nach wie vor Vertrauter des Königspaares, steuerte in eine andere Richtung: „Der blaue Saphir als über alle Maßen kostbarer Schmuckstein ist nichts weiter als ein Fantasieobjekt. In Tibet, dem größten Hochland unserer Erde, existiert in dessen Niederungen, sozusagen in dessen Abgrund, ein ‚Tal der blauen Saphire', aber es gilt als verwunschen und völlig unzugänglich. Unsere heimatverbundene Königin Lalande denkt nicht im Traum daran, tausende und abertausende Meilen nach Asien in den schneebedeckten Himalaja zu reisen und sich am Eiswasser zu laben, um sich danach in einem solchen Tal zu vergraben."

Kurz darauf erwiesen sich alle Gerüchte als schaumgeboren, denn es drang ans Tageslicht, dass Königin Lalande unterwegs bettelarme alte Leute, blutjunge Waisen, kranke, behinderte und sieche und mit sonstigen schlimmen Krankheiten geschlagene Menschen unterstützte – mit Naturalien, Kleidung, Medikamenten, in dringenden Notfällen auch mit klingender Münze – und dies wiederum bekräftigte die Einschätzung, Lalande sei wohl doch eine Fee, denn Feen galten von alters her als äußerst hilfsbereit. Aber auch dagegen erhob sch eine schlimme Stimme: „Es gibt auch Feen, die Kummer bereiten, Unfrieden stiften und Schaden anrichten." Erneut war es Carlo, der nach dieser gemeinen Stichelei gegen die Königin für sie wieder die Kastanien aus dem Feuer holte: „Durch ihre gelegentliche Abwesenheit fügt unsere Königin niemandem Schaden zu. Sie stimmt allenfalls ihren Gemahl und ihr Töchterchen ein wenig traurig. Doch das wiegt sie durch ihre Hilfsbereitschaft dem leidenden Volk gegenüber tausendfach auf. Wir sollten den Gerüchtemachern aufs Schandmaul hauen – ich meine natürlich schauen …"

So wurden die Geschosse gegen die Königin zum Bumerang.

Ihrem Widersacher Krapp zum Tort kam das Königspaar dank Unterstützung der Anhänger in der Öffentlichkeit immer wieder gut weg. Bei einem seiner seltenen Aufenthalte im Königsschloss in Austria hoffte Krapp jedoch auf eine günstige Gelegenheit, gegen die beiden erneut zu intrigieren. Eines Nachmittags sah er in einer Nische König Sandanger und seine Gattin eng beieinanderstehen wie ein Zwillingspaar. Leute von Krapps Zuschnitt gehen davon aus, Gegner würden ständig etwas gegen sie im Schilde führen oder aushecken. Dass die neben ihren Eltern und von diesen liebevoll beobachtet herumtanzende kleine Svea mit einem Ball spielte, brachte ihn nicht von seinem Verdacht ab.

In der Hoffnung, etwas zu belauschen, das für das Königspaar belastend sei, ihnen zur Unehre gereiche und das er gegen sie ins Feld führen könne, verbarg Krapp sich hinter einer Portiere. Und er hörte, wie König Sandanger seine Gemahlin leise fragte: „Warum fährst du wieder weg und lässt uns beide allein? Hast du uns nicht mehr lieb? Wir brauchen dich, zumindest unsere Kleine braucht dich.“ Es klang nicht vorwurfsvoll, allenfalls traurig – aber doch so, als wollte er Druck ausüben, denn er bettete behutsam seine rechte Hand auf das Lockenköpfchen seiner Tochter, wie um sie zu behüten.

Lalande antwortete: „In ihrer Vielfalt und Vielgestalt ist unsere Erde so aufregend, bildgewaltig und schön, dass es mich von Zeit zu Zeit in die Ferne treibt. Trotzdem habe ich euch keinen Deut weniger lieb und vermisse euch unterwegs so sehr, dass ich allein schon deshalb garantiert immer so schnell wie möglich heimkomme. Dich und unseren Augenstern habe ich während meiner Abwesenheit genau so gern – vielleicht sogar noch lieber, als wäre ich ständig an eurer Seite.“ Dann gab sie ihrem Mann und ihrem kleinen süßen Fratz einen Schmatz auf die Wange, woraufhin Svea an ihrer Mutter hochsprang und ihr den Schmatz mehrfach zurückgab.

Krapps anfängliche Hoffnung, genüsslich Zeuge einer saftigen Eifersuchtsszene zu werden, hatte getrogen. Stattdessen hatte er eine seltsame Liebeserklärung erlebt, deren er selbst auch als kleiner Junge nie teilhaftig geworden war und die er auch selbst nie ausgesprochen hatte. Gefühlt passte kein Blatt Papier, ja nicht einmal ein Blütenblatt zwischen die Königsfamilie – schon gar kein dicker fetter Schuldschein aus seiner, Krapps, schäbiger Hand.

Bevor Krapp diese für ihn niederschmetternde Erkenntnis verdauen konnte, wurde er Zeuge einer weiteren Szene, denn er merkte, dass eine Amme mittleren Alters und eine Magd über den Flur huschten. Als auch jene das Königspaar mit Töchterchen gewahrten, verharrten sie ebenso, und die Amme wurde von der Magd gefragt: „Wie lange hast du die kleine Svea damals gestillt?“ Da antwortete die Amme für die Magd überraschend: „Nur im Notfall – wenn Königin Lalande so schwer erkrankt war, dass die trotz ihrer geringen Oberweite reichlich fließende Milch versiegte.“ Da erwiderte die Magd: „Nach meiner Erfahrung haben die meisten hochgeborenen oder hochgestellten Frauen, sobald sie Mütter werden, Angst um ihre Figur, vor allem um ihren Busen und drücken sich am Stillen vorbei. Ein Hoch auf unsere Königin! Auch wenn sie zeitweise durch Abwesenheit glänzt." Woraufhin die Amme es sich nicht nehmen ließ zu ergänzen: „Als sie schwanger ging – bis nach Sveas drittem Lebensjahr – ist unsere Königin nirgendwo hingereist; sie war rund um die Uhr für ihren Schatz da."

Da wischte Krapp sich die Augen und fluchte in sich hinein: „Verdammter Mist! Hier zieht es wie Hechtsuppe!" Für nichts auf der Welt hätte er zugegeben, auch nicht vor sich selbst, dass er – wenn auch nur leicht und ausnahmsweise – gerührt war …

Ihr Fernweh wird Königin Lalande zum Verhängnis

Da die königliche Familie aus dem hohen Norden stammte – aus der Region zwischen Norwegen, der Inselgruppe der Lofoten und Spitzbergen -, hatte König Sandanger für seine geliebte Gemahlin sogar in Reykjavík, der Hauptstadt von Island, weitab vom Schuss ein Schloss errichtet. Wegen der weiten Anreise und der langen Abwesenheit von ihren Lieben besuchte Lalande die ferne, abenteuerliche Insel erst nach langem Zögern. Das Schloss streifte sie nur beiläufig; mit ihrem Gefolge erneut inkognito reisend, wollte sie unter keinen Umständen erkannt werden. Ihr Gemahl war durch Staatsgeschäfte verhindert und Töchterchen Svea noch zu klein und zu zerbrechlich für die weite Reise übers Meer. Wegen der außerordentlichen Schönheit der Insel hatte Sveas Mutter ursprünglich überlegt, offiziell an der Seite ihres königlichen Gemahls und ihrem Prinzesschen zu reisen, um auch ihnen die überwältigenden Eindrücke der Insel aus Feuer und Eis zu gönnen.

Wie üblich ging es der Königin also nicht darum, sich herauszuputzen und Feste zu feiern. Sie war erpicht, sogar versessen darauf, sich an den prächtigen grünen Fjorden sattzusehen – jene schmalen, steilwandigen, einst von Gletschern geformten Meeresbuchten, vergleichbar mit jenen, die sie aus Norwegen kannte. Weiter wurde sie magnetisch, sogar magisch angezogen von romantischen, exotischen Inseln mit schwarzen Lava-Stränden, entstanden nach unterirdischen Vulkanausbrüchen. Außerdem von Tropfsteinhöhlen, riesigen Wasserfällen, die rauschend zu Tal oder sogar in Gebirgsspalten oder in tiefe Abgründe stürzten – und vereiste Höhlen, die durch siedende Quellen zu schmelzen drohten. Weitere Faszination bescherten, mit der Bezeichnung Geysire versehene bis zu vierzig Meter hohe Springquellen. Nicht zuletzt war sie von dem kindlichen Wunsch beseelt, in freier Wildbahn tollende und tobende Ponys und Schäfchen mit ihren Lämmern zu betrachten.

Durch diese Eindrücke und Hoffnungen euphorisiert, erlebte Lalande in ihrer Fantasie noch eine Steigerung durch eine uralte isländische Saga, die sich um den Snaefellsjökull rankte, den höchsten und imposantesten Vulkangletscher der nördlichen Hemisphäre. Laut dieser Saga öffnete sich dort ein Krater bis zum Mittelpunkt der Erde. Diese Aussicht elektrisierte die wissbegierige Gemahlin von König Sandanger dermaßen, dass sie beschloss – nahezu ohne Rücksicht auf Verluste –, den

Gletscher zu bezwingen – nicht, in den Krater einzudringen (so sportlich und verwegen war sie nicht) –, aber sie wollte den Krater inspizieren und wenigstens kurz einen Fuß hineinsetzen …

Gedacht, gesagt und getan, aber von dieser unseligen Expedition bei Wind und Wetter und ohne erfahrene Retter kehrten sie und ihre Begleitung nicht zurück und galten seitdem als verschollen. Eine Aufklärung über ihr spurloses Verschwinden gestaltete sich auch wegen ihrer Verkleidungen nicht nur als äußerst schwierig, sondern sogar unmöglich.

Unter welch kuriosen, sogar furiosen und dubiosen Umständen die Königin verschollen war, stellte sich erst wesentlich später heraus. Einstweilen kursierten wieder wilde Gerüchte, sie könnte entführt worden oder einem noch schlimmeren Verbrechen zum Opfer gefallen sein. Selbstredend rief das auch Krapp wieder auf den Plan. Er konnte das Unglück jedoch allenfalls in der Weise ausschlachten, dass er jetzt einen Widersacher alias eine wichtige Widersacherin weniger gegen sich hatte. Sein zynischer Schlusskommentar bestand aus dem abgegriffenen Spruch: „Wer sich in Gefahr begibt, kommt darin um!“, womit er König Sandanger einen weiteren gemeinen Hieb versetzte.

In seiner Not breitete König Sandanger nunmehr seine ganze Liebe über sein Töchterchen aus, zumal Svea sich für jeden sichtbar so entwickelte, dass sie ihrer Mutter wie aus dem Gesicht geschnitten wirkte. Ein Medikus, der sich auch in der menschlichen Seele besonders gut auskannte, hielt es nicht für ausgeschlossen, dass Sveas mehr und mehr zu Tage tretende Ähnlichkeit mit ihrer Mutter auf die Übertragung der Liebe ihres Vaters zurückzuführen sei. Was er nicht ahnen konnte: Sveas Wesen entwickelte sich anders als das ihrer Mutter – zugunsten ihrer eigenen Persönlichkeit, und so schlitterte Svea an der Gefahr vorbei, zum Abziehbild ihrer Mutter zu werden. Svea wurde nachdenklicher als diese, vermutlich auch, weil sie Mutters Verlust verarbeiten musste; außerdem wurde Svea bedächtiger und weniger lebhaft …

Die fatale Neigung, überreichlich Geschenke zu verteilen, übertrug der Papa zunächst auf sein Töchterlein. So lange Svea noch klein war, freute sie sich unbändig, besonders über Spielsachen, Puppen, Kleidchen und Haarspangen – aber nur so lange, bis sie den Kinderschuhen entwachsen war. Sobald sie die wirtschaftlichen, aber auch sonstige Zwänge, geboren aus der Abhängigkeit ihres Vaters von Krapp, verinnerlichte, bat sie ihren Vater, auf Kostspieliges zu verzichten – ihrem Wesen entsprechend auf eine Weise, die ihn nicht kränkte. Um ihre Garderobe kümmerte sie sich mit Unterstützung einer Näherin selbst. Schließlich machte er sich ihre Einstellung zu finanziellen Ausgaben zu eigen und war sogar stolz auf seine Tochter. Darüber hinaus unterstützte sie so gut wie möglich ihren Vater bei seinen Auseinandersetzungen mit Widerling Krapp.

Vor etlicher Zeit war im Zusammenhang mit Geschenken eine neugierige Zofe heimlich Zeugin einer typischen Szene zwischen Vater und Tochter geworden:

SVEA: Papa, ab jetzt bitte nur noch Kleinigkeiten.

PAPA warf schmunzelnd einen flüchtigen Blick auf ihre zierlichen Fingerchen.

SVEA: Das hat mit dem Umfang nichts zu tun. Auch Kinkerlitzchen wie Ringelchen fürs Fingerchen können, wenn mit Brillantensplitterchen veredelt, Tausende kosten. Stattdessen macht auch ein großer preiswerter Sonnenhut aus Stroh deine kleine Tochter froh.

PAPA kratzte sich verlegen am Kopf …

4. Kapitel

Reibereien zwischen Schlossherr Krapp und Erfinder Janosch

Nachdem Krapp die lästigen, aber zur Hebung seines Ichs wichtigen Besucher vorläufig verabschiedet hatte, eilte er an den Ort, zu dem es ihn mit aller Macht hinzog, unterhalb des Turms in eine beengte Kammer, deren Fenster trotz der beträchtlichen Höhe vergittert waren und deren Tür er verschlossen hielt. Den Schlüssel trug er immer bei sich, sogar nachts. In dieser Kammer hauste der Mann, auf den Krapp Reichtum, Einfluss und Macht gründete: Janosch, der Erfinder.

Speisen und Getränke standen Janosch in beliebiger Auswahl zur Verfügung. Er mochte so lange ruhen oder arbeiten, wie es ihm beliebte. Die aufreizendsten Frauen des Königreichs waren zu seiner Zerstreuung verpflichtet, von deren Anwesenheit Janosch jedoch nur beiläufig Notiz nahm. Krapp veranstaltete Theater-Aufführungen und Tänze, Kurzweil war geboten durch Kartenspiel und Trinkgelage oder Festlichkeiten wie heute. Das alles rauschte an Janosch vorüber wie lästiger Wind; verlassen durfte er das Schloss jedoch nicht, ohne Einwilligung von Krapp auch nicht seine Kammer.

Mit der Anwesenheit von Janosch auf dem Schloss hatte es eine seltsame Bewandtnis. Zu Krapp war eines Tages die Kunde gedrungen, in einem slawischen Dorf lebe ein kauziger Sonderling. Die Welt lache über ihn, da er die eigenartigsten Ideen im Kopf habe. Die tollsten Geschichten denke er sich aus, die fantastischsten Gegenstände erfände er, aber wenn es drauf ankäme, sich zu beweisen, versage er.

Krapp, der ein Gespür dafür hatte, ob es sich für ihn bezahlt mache, eine Sache in Angriff zu nehmen und sich einer Person zu versichern, oder ob er zweckmäßigerweise Abstand von ihnen nehme, suchte diesen Mann auf, lud ihn ein, bewirtete ihn mit gebratenen Lammkeulen und schwerem Wein und horchte ihn aus. Es stellte sich heraus, dass Janosch niemals dazu gekommen war, seine Ideen bis in den letzten Winkel zu überdenken, geschweige, in die Tat umzusetzen, weil er sich bei der Feldarbeit aufrieb, für die er gänzlich ungeeignet war, und weil er sich um seine verzweigte Familie kümmerte, die für seine Neigungen kein Verständnis aufbrachte; sie hielt ihn für überspannt und verschrie ihn als Traumtänzer.

Janosch, den auch die anderen verächtlich „Schöpfer des Nonsens“ nannten, schmeichelte es, einem Menschen begegnet zu sein, der sich für seine Ideen erwärmte und schließlich sogar begeisterte, daher verschloss er anfangs die Augen vor den finsteren Absichten Krapps.

Erkennend, dass Janosch nicht an Hirngespinsten litt, sondern dass ein Feld brach lag, dessen Erschließung noch mehr Geld, Ruhm und Macht bescheren würde, beschloss Krapp, die bisher schlummernden und an die Oberfläche drängenden Talente des Erfinders für sich zu nutzen, und er verdrehte ihm mit der Zusicherung den Kopf, ihn der Sorge um das tägliche Brot zu entheben, ihn von allen störenden Einflüssen abzuschirmen, die das

Leben mit sich brächte, und er stellte ihm Zeit in Hülle und Fülle in Aussicht, seine Pläne reifen zu lassen. Schlussendlich versprach er ihm, sofern er mindestens zwei Jahre bei ihm ausharre, so viele Golddukaten, dass er und seine Familie bis ans Ende ihrer Tage ausgesorgt haben würden. Da wurde Janosch schwach, ließ sich auf den scheinbar verlockenden Handel ein und sich auf das Schloss locken.

Schon nach wenigen Monaten konnte Krapp die ersten Früchte ernten, die Janoschs Arbeit getragen. Janosch hatte primitive Hilfsgeräte vervollkommnet wie Sense, Egge und Pflug. Krapp ließ sie zu Tausenden anfertigen, und bald glitzerte das große „K“ als Wahrzeichen des Herstellers Krapp auf allen landwirtschaftlichen Geräten – auf allen Äckern des Königreichs. Krapp hatte sein erstes ehrgeiziges Ziel erreicht: Dank seines Reichtums, den der Erlös aus dem Verkauf erbracht hatte, wurde er mächtiger, als je ein König gewesen war, und dank des gutgläubigen, eifrigen Erfinders würde er seine Macht ausdehnen – vielleicht sogar über den Erdball hinaus, sodass auch dieser zum Spielball seiner Gelüste taugen würde.

Aber nun steckte Krapp in einer verzwickten Lage. Jeder Bauer hatte seine Egge, seine Sense, seinen Pflug. Die Geräte waren von so erlesener Güte, dass sie unverschleißbar schienen und Generationen überdauern würden. Wie sollte Krapp die überzähligen loswerden? Er hatte eine abenteuerliche Idee, diese würde sich aber erst langfristig auswirken. Krapp dachte: „Für jedes Neugeborene werde ich die Eltern mit zehn Goldstücken belohnen. Auf diese Weise verschlinge ich – der große Krapp –

zwei Mahlzeiten mit einem Happ. Mein Ansehen wächst, denn das blöde Volk hält mich für menschenfreundlich und freigebig. Doch mein eigentliches Anliegen: Mit der gestiegenen Bevölkerungszahl erhöht sich die Zahl der Käufer, also mein Gewinn, gleich welche Waren mir der Trottel Janosch im Laufe der Zeit noch erfinden wird … Und wenn die Leute das Zeug nicht benötigen, werde ich mir etwas ausdenken, es ihnen schmackhaft zu machen. Vielleicht lobe ich Nutzen und Güte so lange über den grünen Klee, bis jeder überzeugt ist, es sei tatsächlich vonnöten, ja sogar unverzichtbar. Auch wenn es in Wahrheit überflüssig ist … Und wenn trotz gestiegener Bevölkerungsziffern mehr Kram und Tand gemacht worden ist, als sich absetzen lässt? Dann hetze ich die Leute auf, bis sie einander die Köpfe blutig schlagen. So wird alles zerstört, und ich kann wieder von vorn anfangen. Ich muss nur darauf achten, dass ich, bevor das Gewitter losgeht, mein Heu in die Scheuer fahre und dass genug Leute zum Kaufen am Leben bleiben. Und wenn nicht? Egal, ein Kind wird schnell groß …!“

Krapp suchte aber auch schnelle Erfolge; um diese zu erzielen, würde Janosch ebenso Rat schaffen. Seit einiger Zeit arbeitete Janosch an neuen Entwürfen, von denen Krapp einen begünstigte, den Janosch absichtlich vernachlässigte. Krapp suchte einen Weg, Janosch seinen Willen aufzuzwingen. Da kam ihm der Zufall zu Hilfe, und deswegen hatte er es jetzt so eilig, Janosch auf den Pelz zu rücken, ihn zu berücken und notfalls im übertragenen Sinn mit Argumenten zu erdrücken.

Krapp steckte den goldenen Schlüssel ins Schloss zu Janoschs Kammertür. Als er vor dessen Schreibpult stand, das unter der Last zahlloser Papiere und Pläne zu ersticken drohte, blickte Janosch auf wie entrückt, mit eingefallenen, bleichen Wangen, aber rot geäderten und fiebrig glänzenden Augen, sodass er Krapp kaum wahrnahm. Schleichend wie eine Raubkatze näherte Krapp sich dem nachdenklichen, von seiner Arbeit gefesselten und daher nicht gewappneten Janosch.

„Ich will nicht stören, wie ich sehe, bist du stark beschäftigt – recht so, ohne Fleiß kein Preis“, ließ Krapp sich süßlich mit einer seiner üblichen Floskeln vernehmen. „Wie sieht es aus, kommst du voran?“, fragte er dann wie nebenbei, um Janosch aus seiner selbst auferlegten Versenkung zu reißen. Krapp konnte sein Jagdfieber jedoch nicht verhehlen, und die ausgeprägte steile Falte über der Nasenwurzel, entstanden aus der Sorge, wie vermehre ich meinen Reichtum, grub sich noch tiefer. Seine buschigen Brauen waren zusammengezogen, seine Stirn umwölkt, sein schwarzer Spitzbart war wie eine Lanzenspitze auf Janosch gerichtet. Die lange Nase verlieh Krapp jetzt das Aussehen eines Raubvogels, der über seiner Beute kreist, und seine hagere, in einem einteiligen, schwarzen Anzug steckende Gestalt unterstrich seine düstere Erscheinung. „Ein wenig musst du mir noch Zeit gönnen, Krapp“, sagte Janosch, versonnen mit den Augen einen Raben verfolgend, der am Himmel seine Bahn zog und dessen Krächzen trotz des geschlossenen Fensters zu ihnen hineindrang. „Aber eines kann ich dir jetzt schon versprechen“, fuhr Janosch begeistert fort: „Das Buch wird einen Siegeszug um die Welt antreten.“

„Welches Buch?“, wallte Krapp unbeherrscht auf; die Sorgenfalte auf seiner Stirn wurde zur Zornesfalte, und seine Halsschlagader füllte sich mit Blut. Seine Hände waren klein und zart wie die eines jungen Mädchens, er schämte sich ihrer; um ihnen den Anschein von Kraft zu geben, trug er an seinem rechten Zeigefinger einen auffälligen, mit seinen Initialen versehenen Siegelring, den er drehte und wendete, sobald er unsicher wurde, wie jetzt. Was er nicht bedachte, der Siegelring unterstrich die geringe Größe seiner Hände genau wie langes Haar und hohe Stiefelabsätze den geringen Wuchs eines Menschen hervorheben, der sich größer machen möchte, als er ist – oder ein Übermaß an Schminke, die jedes Mädchen und jede Frau verschandelt, anstatt sie zu verschönern.

Immer wieder den Ring kreisen lassend, blickte Krapp durch die Gitterstäbe des Fensters der Kammer, überflog die Wipfel der Bäume, die Gipfel der nahen Berge und bohrte seinen Blick in den weiten, wolkenlosen Himmel wie in eine verheißungsvolle, andererseits ungewisse Zukunft, zumal tief in seinem Innern der Zweifel an ihm nagte, nicht alles beherrschen zu können.

„Wenn jemand etwas geschrieben hat, ob es bemerkenswert ist oder unbedeutend …“, hub Janosch weitschweifig an, sich zu rechtfertigen, „existiert zunächst nur ein Einzelstück. Doch oft sind viele Menschen daran interessiert, es zu lesen. Abschriften kosten unendlich viel Zeit, besonders, wenn das Werk umfangreich ist. Ich bin dabei, ein Verfahren zu entwickeln, mit dem wir sozusagen gleichzeitig hunderte, ja tausende Bücher herstellen könnten …“

„Was soll das?“, wetterte Krapp, zumal er Bücher langweilig fand und ihm nicht aufging, dass auch mit Schrifttum viele Dukaten zu verdienen wären, sonst hätte er sich nicht so abweisend verhalten.

„Was das soll?“, wiederholte Janosch fassungslos: „Es soll Wissen vermitteln, denn Wissen bedeutet Macht“, setzte er seinerseits mit einer Floskel fort fort, erstaunt über Krapps Frage.

Mit einer lapidaren Handbewegung tat Krapp die Bemerkung ab. „Macht gebührt nur einem wirklich Großen“, sagte er und warf sich in die Brust, „Macht in den Händen von jedem Schwachkopf … nicht auszudenken. Ich erwarte von dir etwas anderes als Bücher.“

Inzwischen hatte Krapp sich auf den Schemel niedergelassen, sodass er noch kleiner wirkte, als er tatsächlich war, gewissermaßen ein Sitzzwerg, und sah den auf sein Pult gestützten Janosch an, als wollte er ihn hypnotisieren und dadurch niederringen, ja sogar zwingen. Und er hub an: „Ich habe läuten hören, ein Schlaumeier sei dabei, eine bahnbrechende Erfindung zu machen, die auch uns – ich meine dir – gut zu Gesicht stehen würde.“ Um Janoschs Ehrgeiz zu wecken, fügte er hinzu: „Vielleicht könntest du dem Schlaukopf zuvorkommen – schließlich bist du ein Universalgenie.“

Es war Janosch sofort klar, dass Krapp sich bei ihm einschmeicheln wollte, um ihn auf eine falsche Fährte oder sogar auf Abwege zu locken, aber er wollte herausfinden, auf welche Abwege. „Was für eine bahnbrechende Erfindung?“, forschte er und bekam zu hören: „Ein Schwarzpulver.“

Bei diesem Ausdruck schrillten bei Janosch sämtliche Alarmglocken, denn auch er hatte etwas läuten hören, etwas, das unermessliche Gefahren heraufbeschwören könnte, und so beschloss er, auf der Hut zu sein, zumal Krapp wieder nervös an seinem Ring fingerte. Um Zeit und Klarheit zu gewinnen und Krapp aus der Reserve zu locken, fing Janosch an, ihn zu foppen: „Wozu soll ein Schwarzpulver gut sein? Als Unikum oder Magentonikum? Als Zaubermittel in der schwarzen Magie? Oder nur, um graue Haare zu färben oder Finger- und Fußnägel?“

Krapp dachte: „Apropos schwarz; es ist das erste Mal, dass ich mich über Janosch schwarz ärgere“, aber er schluckte seinen Ärger hinunter, und weil ihm die Angelegenheit unter den eigenen Nägeln brannte, kam er sofort zur Sache: „Es geht um Schießpulver.“

Da fuhr Janosch ein eisiger Schreck in die Glieder. Um sich nichts anmerken zu lassen, foppte er Krapp weiter: „Habe ich richtig verstanden? Niespulver? Etwa Schnupftabak?“

Da wurde es Krapp zu bunt, und er wiederholte laut und deutlich das Wort „Schießpulver“.

„Und wer und wo und wozu ist jemand dabei, dieses Pulver zu entwickeln?“

„Ein Konkurrent in China.“

„Dann muss die Glocke, die dir geläutet hat, riesengroß sein.“

Krapp sagte: „Ich verstehe nicht.“

„China ist weit, andererseits so nah wie der Mond und kaum weiter entfernt als die Donau“, sagte Janosch mit weisem Lächeln, um Krapp kirre zu machen.

„Wenn ich nicht wüsste, dass du ein Genie bist, würde ich dich wegen diesem blöden Satz für verrückt erklären“, brauste Krapp wieder auf, „China ist tausende Kilometer weit entfernt, das weiß jedes Kind, und die Donau fließt, umschrieben gesagt, an unserer Haustür vorbei.“

Janosch holte zu einer erklärenden Geste aus, bevor er wieder das Wort ergriff. „Pfeil und Bogen treffen hundertmal schneller und aus größerer Entfernung als die Schleuder“, sagte er unbeirrt, „die Schusswaffen aber werden tausendmal so wirkungsvoll sein. Und stell dir vor, Krapp: Diese werden eines Tages abgefeuert aus fahrenden Kutschen, aus dahingleitenden Booten, vom Rücken der Pferde … In ferner Zukunft werden die Menschen fliegen können, schneller als die Vögel, und dann lassen sie im Fluge ihre Wurfgeschosse schwirren, vielleicht bis in ferne Länder. Entfernungen spielen dann keine Rolle mehr. Weißt du jetzt, was ich damit sagen wollte, China ist so nah wie der Mond und so weit wie die Donau?“

„Ja, ja, ein Gleichnis“, brummte Krapp ärgerlich. „Du bist ein Fantast, trotz deines Geschicks, praktische Gegenstände zu erfinden; aber ich stehe mit beiden Beinen auf der Erde, und so gesehen, muss ich dich auf den Boden zurückholen: Wölfe können nämlich nicht lesen …“

„Jetzt sprichst du in Rätseln. Was hat das mit Wölfen zu tun?“

„Eine Wolfsplage kommt auf uns zu.“

„Ich weiß, auch heute leben bei uns in den Karpaten noch Bären, Wildkatzen, Luchse – und vielleicht auch Wölfe.“

„Von dieser Jägerweisheit rede ich nicht. Rudel, was sage ich: Heerscharen von wilden, ausgehungerten, grauen, schlauen Wölfen sind unterwegs von Sibirien, sie haben schon den Ural überquert und Landstriche verwüstet. Sie sind sogar schon in Dörfer eingefallen, haben sie niedergetrampelt sowie ungezählte Menschen und Tiere gerissen. Das gesamte Königreich werden sie überrennen – wenn du nicht Abhilfe schaffst.“

Krapp lächelte böse und hinterhältig, da er sah, dass es ihm gelungen war, eine aus seiner verbrecherischen Sicht schwache Stelle bei Janosch angesprochen zu haben. Das Wohl der Menschen lag Janosch am Herzen, und auf deren Drangsal anzuspielen, würde eher zum Ziel führen, als zu drohen oder auf Abkommen zu verweisen, die er mit ihm getroffen hatte.

„Willst du die Wölfe etwa mit Schießgewehren aufhalten?“, wurde Krapp aus seinen Gedanken gerissen.

„Womit sonst? Mit bloßer Faust oder aus dem Stand mit einem dürren Ast in der Hand?“, entgegnete er.

„Aber was werden deine Horden mit den Waffen anstellen, nachdem sie die Wölfe abgeknallt haben?“

In Krapps Fantasie wurden dank der Macht, die das Schießpulver ihm in die Hände geben würde, sämtliche Kontinente von unter seinem Befehl stehenden Truppen erobert, aber er sagte verharmlosend: „Sie brauchen Waffen für die Jagd.“

„So viele? Und wenn die Menschen die Waffen dazu missbrauchen, um aufeinander loszugehen?“

„Das werden sie nicht tun“, sagte Krapp, seine Gedanken von vorhin Lüge strafend. „Keine Kreatur geht auf ihresgleichen los, immer nur auf andere; unter sich kabbeln Geschöpfe allenfalls, wobei schon mal ein tödlicher Unfall geschieht – Naturgesetz.“

„Ich bin mir nicht sicher, Menschen haben Verstand und missbrauchen diesen oft in widersinniger und unwürdiger Weise.“

„Hör auf zu philosophieren. Das soll nicht unsere Sorge sein. Du bist Wissenschaftler und Entdecker, lass andere sich den Kopf darüber zerbrechen, beispielsweise König Sandanger. Unsere Aufgabe heißt: die Wölfe auszurotten. In einem Aufwasch beschaffen wir Arbeit für die vielen Menschen, die jetzt, da die Bauern Geräte genug haben, auf kurz oder lang am Hungertuch nagen. Wie soll ich sie ernähren, wenn ich ihnen keine weitere Arbeit vermittele? Auch du trägst für sie Verantwortung!“

Wieder grinste Krapp selbstzufrieden. Er wusste, dass er einen weiteren geschickten Hieb geführt hatte. Janosch würde auf seinen Scheinbeweis hereinfallen und unbeabsichtigt dazu beitragen, seine Schätze zu mehren. Und die lüsterne Fantasie ging wieder mit ihm durch.

Krapp war ungeduldig und ungehalten, weil einige Räume im Schloss noch leer standen, sogar ein ganzer Flügel war verwaist. Er hatte die Absicht, ihn mit Waren aus dem Orient auszustatten, die er nur dann anschaffen könnte, wenn er aus dem Unglück, das die Wölfe über das Königreich brächten, Gewinn geschlagen haben würde. Erregt stellte er sich vor, wie in einem Gruselkabinett schwarze, aus Ebenholz geschnitzte Figuren in Lebensgröße mit Teufelsgesichtern und grässlich verzerrten Tierfratzen seine Gäste erschreckten. Für ein seine Sinne betörendes Kleid seiner ersten Geliebten brauchte er rote Seide. Spärlich bekleidete Sklavinnen rückten ihm in wilden Träumen in den Baderäumen mit purpurnen Schwämmen aus Tyrus zu Leibe. Blaue Tapeten aus Sidon sollten die Wände seiner Privatgemächer schmücken. Es galt, die Gunst des einflussreichen Bischofs zu sichern, ja ihn in Abhängigkeit zu zwingen durch teure Geschenke. Dazu musste eine Mitra her aus schwarzem Filz mit silbernen Halbmonden. Das fahle, aschblonde Haar seiner mit beträchtlichen Pfunden gesegneten zweiten Geliebten bedurfte fachkundiger Behandlung nach einem Verfahren, das nur im Morgenland bekannt war. Das behauptete der Meister der Frisierkunst, der nach Antimon und Henna verlangte. Krapps Wunsch war es, sich bei seinen seltenen Aufenthalten im Schloss in einen mit Brokat bestickten schwarzen Kaftan zu hüllen und seinen Kopf mit einem goldverzierten Fez zu bedecken. Bei einem Besuch in Basra hatte er einen orientalischen Fürsten in einem solchen Gewand gesehen und war außerordentlich beeindruckt gewesen. In Arabien waren ihm Sträucher und Bäume mit weißen Blüten und lederartigen Blättern gezeigt worden. Sie brachten kirschenähnliche Früchte hervor mit Samenkernen, die man röstete und aus denen dann ein schwarzbrauner, scharf riechender, bitter schmeckender Sud gebraut wurde, nach dessen Genuss er starkes Herzklopfen verspürt hatte, der aber Gaumen und

Sinne heftig kitzelte, besonders, wenn der Sud versüßt und mit Milch weiter gemildert wurde. Und so war Krapp begierig, Keimlinge dieser Gewächse auf seinen Feldern anzubauen.

Wenn Krapp geahnt hätte, dass dieser Sud unter der Bezeichnung Kaffee die gesamte Welt überschwemmen würde, wäre er schon jetzt größenwahnsinnig geworden.

Unter Anleitung eines moslemischen Baumeisters, zu dem er bereits Verbindung geknüpft hatte, sollte im weitläufigen Schlosspark eine kleine Moschee entstehen, für ihn ganz allein. „Das Christentum hat mich lange genug gelangweilt“, dachte er, „jetzt verfüge ich anderweitig, wenn auch zunächst nur im Stillen; wer in diesen Landen seine Macht behalten, ja ausbauen will, muss sich leider mit der Kirche und ihrem Firlefanz gut stellen. Und wenn ich später den Islam satthabe, sehe ich mich in Asien um. Buddha, der japanische Schintoismus und der indische Hinduismus mit seinen Gottheiten Brahma, Wischnu und Kali haben auch einiges zu bieten, nicht zuletzt der als Tänzer mit sechs Armen abgebildete Hauptgott Schiwa, den man nach unserem Verständnis auch Schizo nennen könnte, weil er angeblich Heilsbringer und Weltzerstörer in einer Person ist …“

Dann lachte er in sich hinein, weil er meinte, einen gelungenen Witz gerissen zu haben …

Von Kopf bis Knie schlugen Krapps Fantasie und Träume Purzelbäume wie nie. Er träumte von verschleierten Frauen, die sich während des Tanzes ihrer gazeartigen, fast durchsichtigen Hüllen entledigten, von einer mit sieben Armen und zwei Köpfen ausgestatteten Sphinx, die ihn umarmte, küsste und aufreizende Zärtlichkeiten spendete. Des Weiteren träumte er von einem verwilderten Garten und einem Teich, an dessen Ufern Palmen sich erhoben und duftende Lotosblumen blühten und Opuntien, während im Teich die bislang spinnefeindlichen Nilpferde und Krokodile badeten und miteinander Hochzeit feierten.

„Janosch muss mir eine künstliche zweite Sonne entstehen lassen, um ein Klima zu schaffen, das hier tropischen Pflanzen und Tieren bekömmlich ist und damit ich über Nacht und Tag bestimmen kann", ging es dem von seinem eigenen Ideenreichtum berauschten Krapp durch den größenwahnsinnigen Kopf.

Roten Staub wollte er anliefern lassen für einen Platz zum Ballspielen, Pygmäen herbeischleifen, die seiner Lüsternheit dienen sollten, und Bazare mussten die langweiligen, stinkenden Märkte ersetzen. In den Gärten hatte es zu allen Jahreszeiten nach Flieder und Hyazinthen zu duften, in den Gemächern nach der Dolde Galbanum sowie nach Myrrhe und Narde – und unter den Halstüchern der Frauen nach Rosenöl und Lavendel …

Doch in der finstersten Kammer seines Herzens erwachte der schlimmste Wunsch von allen: sich die Welt untertan zu machen. „Auch um den Preis, dass sich auf dem Weg dahin Millionen Leichen stapeln", dachte er. Während er die lustgeschwängerten Gedanken an seine eigene Grausamkeit auswalzte, schauderte ihn, und sein Finger drehte wild den Ring …

„Wenn es wirklich so schlimm steht mit den Wölfen, wie du sagst, werde ich meinen Forschungen mit dem

Schießpulver notgedrungen Vorrang einräumen“, riss Janosch seufzend den Schlossherrn in die Gegebenheit des Tages zurück, was Janosch nicht getan, wenn er dessen Gedanken geahnt hätte. Krapps Herz hüpfte bei Janoschs Worten, schlug aber sofort wieder langsamer, weil Janosch die Gefahr heraufbeschwor, seine Bereitschaft wieder zurückzunehmen. Er sagte nämlich: „Andererseits, du kennst ja meine Bedenken, vielleicht sollte ich meine möglichen Einfälle bezüglich des Schießpulvers besser zum Schweigen bringen.“

Krapp dachte zähneknirschend: „Vielleicht sollte man einen wie dich zum Schweigen bringen, zumindest dann, wenn er ausgedient hat, aber noch brauche ich dich.“ Laut sagte er: „Das Recht zu schweigen hat nur der Tod. Solange du lebst, rede! Du hast ja etwas zu sagen. Die Menschheit will sich weiterentwickeln, also braucht sie Männer wie dich, Grübler und Tüftler. Leider muss ich dich zu deinem Glück zwingen, sonst lässt du dich von lächerlichen Gewissenbissen aufhalten. Deshalb blieb mir nichts anderes übrig, als dir diesen goldenen Käfig hier zu bauen.“ Krapp deutete auf das vergitterte Fenster und umriss dann mit einer theatralischen Armbewegung das gesamte Anwesen, als hätte er es nur zu dem einen Zweck erworben, Janosch eine Werkstatt zu schaffen.

Janosch konnte sich nicht beherrschen und sagte leise: „Am liebsten würde ich hier wieder raus“, zumal er sich wie eine Maus in der Falle fühlte. Doch seine Haare standen zu Berge.

Krapp kniff die Brauen zusammen und ließ wieder den Ring kreisen. „Was redest du? Hier allein wirst du berühmt, dafür werde ich sorgen. Woanders verschleuderst du dein Talent – du hast es ja selbst erlebt, der Prophet gilt nichts im eigenen Land. Man soll mit seinen Pfunden wuchern, das steht schon in der Bibel."

„Sein Talent verschleudern und sich selbst treu bleiben, das liegt eng zusammen", entgegnete Janosch, auf das in falschem Zusammenhang erwähnte Bibelzitat nicht eingehend. „Ich möchte wieder einer sein unter vielen. Dieses angebliche Genie, von vielen bespöttelt, nur von dir anerkannt, drückt mich oft in den Staub. Überdies, die vereinbarten zwei Jahre sind bald um."

„Mach fertig, was du angefangen hast, erst die Sache mit dem Schießpulver, damit dienst du deinem Volk und dem König, dann dein Steckenpferd mit den Büchern, danach magst du meinethalben deiner Wege gehen", lockte Krapp mit falscher sanfter Stimme.

„Meinst du das aufrichtig?", fragte Janosch, der trotz seiner naiven Vertrauensseligkeit an der Lauterkeit des eifernden Krapp zum wiederholten Male zweifelte.

„Selbstverständlich!", bekräftigte Krapp, „das ist sogar ein Schwur. Ich bin ein Mann, der sein Wort hält." Aber er dachte: – Wenn es so weit ist, wird sich alles finden. Ein Versprechen geben, ist die eine Sache, und es halten, eine andere …–

5. Kapitel

Hofnarr Carlo lässt für Prinzessin Svea seine Puppen tanzen

Von langer, anstrengender Reise durch den Süden Europas waren König Sandanger und Prinzessin Svea in ihren alten Palast heimgekehrt. Während der König in seiner Kanzlei Depeschen durchlas, zog die Prinzessin sich zurück, um sich zur Ruhe zu begeben. Unter einem Säulengang, kurz vor einer Freitreppe, begegnete ihr der Hofnarr Carlo, ein kleiner Mann mittleren Alters, dessen Rücken krumm war und der ein Bein nachzog. In jeder Hand hielt er eine an zahlreichen Schnüren baumelnde Figur von der Art, wie sie in Puppentheatern spielen. Kaum hatte er die Prinzessen erkannt, kam er so schnell, wie es seine Behinderung erlaubte, auf sie zu.

„Willkommen daheim, Prinzessin Svea, ich freue mich, dich nach langer Zeit wohlbehalten wiederzusehen“, hub er mit erstaunlich tiefer Stimme an; seine Augen glänzten vor Freude, und er machte einen Schritt auf sie zu, wie um sie zu umarmen, konnte aber wegen der Figuren in den Händen seine Absicht nicht verwirklichen. Er war dem Königshause und der Prinzessin, die er von Kindheit an kannte, zugetan wie einer eigenen Tochter und trieb seinen Schabernack nur mit Krapp und dessen Leuten. Prinzessin Svea, die sich auf Carlo freute wie er auf sie, begrüßte mit gleicher Herzlichkeit den Mann, der ihr Vertrauen genoss und ihre Puppen fertigte – wie die auf der Kalesche, in der sie mit ihrem Vater durch Lissabon und die anderen großen Städte des Südens gefahren war.

Nachdem die Prinzessin Carlo überschwänglich auf die Wange geküsst hatte, wollte dieser in seiner Wissbegier in Erfahrung bringen, wie ihr die Rundreise gefallen habe, wurde aber auf den nächsten Tag vertröstet. Befragt, was sich während ihrer Abwesenheit im Palast zugetragen habe, zuckte Carlo die Schultern.

„Dieser Krapp hält uns auf Trapp“, dichtete er, und seine Stimme bekam einen düsteren Klang.

Die Prinzessin bückte sich im fahlen Licht, um zu erkennen, was er in Händen hielt. „Kenne ich die Puppen?“, fragte sie neugierig. „Nein, sie sind brandneu und während deiner Abwesenheit entstanden – sie sollen die Hauptrollen in einem Puppenspiel bekleiden. Anlässlich eurer Rückkehr von mir geschrieben, soll es in drei Tagen aufgeführt werden – im Beisein von Krapp, der sich schon auf dem Weg zu uns befindet.“

„Oh wie schön!“ Prinzessin Svea klatschte in die Hände, und ihr Näschen wurde kraus, als sie lachte.

„Freust du dich so auf Krapp?“, neckte Carlo.

„Geh mit bloß weg mit dem“, wehrte Prinzessin Svea ab, und ihre gute Laune erstarb. „Ich freue mich auf das Puppenspiel.“

„Ich altes Plappermaul habe mal wieder alles verraten“, schalt Carlo sich und blickte auf die Puppen in seinen Händen, die größere Puppe stellte ein Krokodil dar. Die Prinzessen wollte es anfassen.

„Vorsicht, frisch gestrichen!“, warnte Carlo, tupfte zum Beweis den Zeigefinger auf den Schwanz des Ungeheuers und hielt dann der Prinzessin den verschmierten Fin-

ger unter die Nase. Jetzt roch auch sie die frische Farbe.

„Und die andere Puppe?“, wollte sie wissen.

„Komm ins Licht“, schlug Carlo vor, trat neben einen Leuchter und packte die Puppe so, dass der Schein der brennenden Kerzen auf sie fiel. Bemerkenswert hager, war sie von Kopf bis Fuß in Schwarz gekleidet. Über ihren buschigen Brauen wuchsen zwei Hörner aus der Stirn. Ihre Nase war lang, der Kinnbart vorn wie eine Lanzenspitze geformt.

„Der sieht ja genau aus wie …“, entfuhr es der Prinzessin, aber sie sprach den Namen Krapp nicht aus.

Carlo reimte:

„Den Teufel hier in meiner Hand,
den hast richtig du erkannt …“

Zur Prinzessin gewandt, fragte er: „Hat er nicht eine verteufelte Ähnlichkeit mit dem Satan in Menschengestalt namens Krapp?“

Die Prinzessin konnte ihre Erregung kaum verbergen, flehte Carlo aber trotzdem an, sich zu mäßigen. „Sei vorsichtig, Krapp wird es dir übel nehmen, wenn du ihn in deinem Stück allzu stark verhöhnst oder sogar auf die Schippe nimmst.“

Carlo nahm es leicht:

„Ich, der Hofnarr, Nacht und Tag
allzeit sage, was ich mag,
werde Krapp im Nacken packen
und pardauz am Barte zwacken …“

„Dass du alles sagen darfst, darauf solltest du dich nicht verlassen, zumal du oft deine Zunge nicht im Zaum halten kannst. Krapp bricht mit allen Überlieferungen – wenn es darauf ankommt, auch damit, dass der Narr offen Missstände anprangern darf, ohne dass ihm etwas zuleide getan werden darf."

„Ich werde aufpassen, aber hab Dank, dass du dich um mich sorgst." Carlo blickte die Prinzessin liebevoll an und heftete dann so auffällig seine Augen auf die Puppen in seinen Händen, dass Svea seinem Blick folgte. Die Puppe, die Krapp, eigentlich den Teufel, verkörperte, geriet wie zufällig mit einem Fuß gegen das Panzerkleid des Krokodils, das sich getreten fühlte. Erst jetzt sah Prinzessin Svea, dass dieser Fuß wie ein Klumpen geformt war. Das Krokodil riss das Maul auf, rollte die großen Augen und peitschte mit dem Schwanz die Luft.

„Warte nur, du Luzifer,
ich hab Hunger wie ein Bär,
mache nur mal ganz kurz schnapp,
dann ist's aus, du böser Krapp!"

Die Rolle des Krokodils einnehmend, hatte Carlo mit quäkender Stimme den Vierzeiler gesungen. Prinzessin Svea lachte so perlend, dass es im ganzen Palast zu hören war, und ihr krauses Näschen freute sich mit.

6. Kapitel

Carlo bewahrt den gedemütigten König vor einer Torheit

Nachdem König Sandanger seinem Sekretär einige Briefe diktiert und dem Zweiten Minister eine Anordnung gegeben hatte, nahm er ohne Gesellschaft das Nachtmahl ein. Nun saß er im Ratssaal bei einer Flasche Burgunder und überdachte den Tag. Mitten in seine Betrachtungen hinein wurde von einem Pagen Besuch gemeldet. Des Königs Laune sank auf den Nullpunkt. Er hatte nicht das geringste Verlangen, aber keine andere Wahl, als Krapp zu empfangen.

„Entschuldige, dass ich dich zu so ungewöhnlicher Stunde behellige, oh König“, tat Krapp unterwürfig und setzte zu einem absichtlich missglückten Kratzfuß an, „es bricht mir sogar fast das Herz, dir Ungelegenheiten zu bereiten, ja dir wehtun zu müssen, aber unglückselige Umstände zwingen mich dazu.“

König Sandanger nötigte ihn mit einer wegwerfenden Handbewegung, am anderen Ende der Tafel Platz zu nehmen, er wollte so weit wie möglich von ihm entfernt sein.

„Wie war die Reise, welche Eindrücke hast du gewonnen, haben die Untertanen dir gebührend Ehrerbietung obwalten lassen?“, fragte Krapp ironisch in leierndem Ton, deutlich seinen mangelnden Respekt zeigend, während er sich, ohne eingeladen worden zu sein, ein Glas mit Rotwein füllte, das zu späterer Stunde für Prinzessin Svea bestimmt gewesen war.

„Um mich das zu fragen, bist du sicher nicht gekommen“, wurde Krapp barsch vom König unterbrochen.

Auch Krapps Ton wurde jetzt hart, er ließ die Maske fallen. „Natürlich nicht. Wenn du nicht anders willst, lassen wir die Floskeln beiseite, so ist es mir auch lieber. – Kurzum: Dein Königreich ist in Gefahr.“

König Sandanger hatte die Erwiderung auf der Zunge: „Die einzige Gefahr für das Königreich bist du“, unterließ es aber, um Krapp nicht herauszufordern. „Hat jemand einen Aufstand gegen dich angezettelt?“, konnte er sich jedoch nicht enthalten, in gereiztem Ton zu fragen. Er glaubte Krapp kein Wort.

Krapp überhörte die Anspielung. „Die Gefahr geht nicht von Menschen aus, sondern von Bestien.“

Der König ließ die Hand mit dem Rotwein sinken, kniff die ergrauten Brauen zusammen, sodass sich Falten auf seiner hohen Stirn bildeten, und dachte: – Viele Menschen sind gefährlicher als Bestien, ich brauche nur mein Gegenüber zu betrachten. –

In übertriebenen, dramatischen Worten berichtete Krapp über den in Wahrheit harmloseren Zug der Wölfe. König Sandanger blieb absichtlich kühl, er wollte seine Betroffenheit Krapp nicht zeigen,. „Warum erzählst du mir das? Man braucht viele starke Fäuste mit Knüppeln, um ihrer Herr zu werden; die habe ich nicht, und das weißt du.“ Am liebsten hätte er gesagt: „Das weißt du sehr gut, du Idiot!“ Aber eine solche Beleidigung, die bei

Hofe als Verbalinjurie gegolten hätte, wäre seiner unwürdig gewesen.

„Nein, du hast keine wehrhaften Kräfte“, bestätigte Krapp, sich an der Ohnmacht des Königs weidend, „aber ich habe welche, und deshalb könntest du höflicher zu mir sein; Höflichkeit ist die Zier der Könige, das lernen sogar Kinder. – Zum Wohl.“

Krapp erhob das Glas und setzte es an die Lippen. Seine weitere Floskel und seine Aufforderung zum Trinken blieben unerwidert, König Sandanger war der Appetit vergangen, zumal Krapp erneut die Gelegenheit wahrgenommen hatte, sich in maßregelndem Ton an ihm zu vergehen.

Krapp merkte, was in König Sandanger vorging, aber es war ihm gleichgültig, er konzentrierte sich auf sein Ziel und tat so, als würde er einlenken: „Gegebenenfalls wäre ich sogar bereit, meine Leute zum Wohl des Volkes einzusetzen, obwohl ich gerade jetzt bei wichtigen Arbeiten jeden Mann benötige; ich bin nämlich dabei, für die Menschen äußerst nützliche Dinge zu entwickeln“, log Krapp. Da Rotwein seinen Bart besudelt hatte, wischte er sich mit einer unfeinen Handbewegung den Mund ab.

„Was heißt ‚gegebenenfalls‘, du knüpfst wieder Bedingungen, wie sollte es auch anders sein“, ließ König Sandanger sich vernehmen.

Krapp fiel genüsslich in seinen spöttischen Tonfall zurück. „Das Wort Bedingungen klingt hässlich, sagen wir lieber: Daraus ergibt sich eine gewisse Zwangslage. Ich bin nämlich nicht im Entferntesten so vermögend, wie mir unterstellt wird.“ Um dem König erneut einen Hieb zu versetzen, setzte Krapp ein Lächeln auf, das seine Worte Lügen strafte, ehe er fortfuhr: „Wenn meine Leute, denen ich Arbeit und Brot schulde, für das Königreich arbeiten, muss der König auch für sie aufkommen."

König Sandanger entblößte seine rechte Hand, während er erwiderte: „Meine Schatzkammer ist so leer wie meine Hand, das weißt du so gut wie ich. Ich habe nicht einmal Mittel, um den alten Kasten hier, der früher ein Palast war, instand zu setzen." Er wies auf Risse in den Wänden und auf einen löchrigen Vorhang hin, an dem Spinnweben rankten und der schräg über eine Fensterbank hängend und Falten werfend nur unzureichend den Blick auf ein Fenster mit zersprungenem Glas verschloss.

„Mit welcher Münze könnte ich also bezahlen?", schloss er.

„Mit dem, was des Königs ist! Und wenn du bezahlt hast, werde ich mir etwas einfallen lassen, um deinem bedauernswerten Palast wieder auf die Sprünge zu helfen."

Unrat witternd, starrte König Sandanger seinen Widersacher an wie jemand, der die Verkündigung eines Todesurteils erwartet. Doch dann folgte eine riesige Überraschung.

„Der Preis, den ich fordere, ist nichts weiter als ein Gesetz, das du erlassen musst", verkündete Krapp leichthin. „Sieh nicht so argwöhnisch drein", ergänzte er, „es ist ganz harmlos. Jeder muss ab einem bestimmten Tag ein Wolfsfell tragen. Das ist alles, was ich von dir verlange."

Krapp drehte unter dem Tisch den Ring an seinem Finger, als sein Widerpart fragte: „Und wie soll ich die Leute dazu bringen, ihre duftigen Kleider gegen ein stinkendes Wolfsfell einzutauschen?“

„Das ist deine Sache. Was soll ich mit toten Wölfen? Das Fleisch ist faul, ehe ich es auf den Markt gebracht habe, ich bin schließlich kein Koch, der aus Ungenießbarem eine Delikatesse zaubert, außerdem sind hungrige Wölfe mager und zäh.“

– Du bist selbst ein hungriger Wolf – , dachte König Sandanger.

Krapp, der mit einer eleganten Handbewegung, als huldige er dem König, sein Weinglas aufgenommen hatte, fuhr fort: „Aber die Felle der Wölfe verderben nicht so schnell. Erst lasse ich meine Leute zu Jägern umschulen und dann zu Schneidern, auf meine Kosten, versteht sich. Und so verschaffe ich ihnen Arbeit und Brot.“

„Ich bin gerührt über so viel Anteilnahme am Schicksal des Volkes im allgemeinen und im Besonderen am Schicksal deiner Leute, wie du sie zu nennen beliebst. Wir alle kennen deine Verdienste hinlänglich und wissen sie gebührend zu würdigen“, erwiderte König Sandanger seinerseits ironisch. Ihm war klar, wie einträglich das Geschäft für Krapp wäre, wenn alle Leute im Königreich Wolfsfelle trügen. Um Zeit zu gewinnen, sagte der König: „Die Leute durch ein Gesetz zu zwingen, wäre das allerletzte Mittel, aussichtsreicher wäre es, geschickt anpreisende Besorger, Boten oder Büttel zu verdingen, welche die Leute bewegen oder sogar dazu bringen, die Wolfsfelle freiwillig zu kaufen. Aber selbst wenn dies gelänge, was ist mit den vielen bettelarmen, kinderreichen Leuten, die kein Dach über dem Kopf haben und von der Hand in den Mund leben? Wovon könnten diese armen Schlucker die Wolfsfelle bezahlen?“

„Du sprichst von dem Gesindel, Lumpenpack und dem Pöbel, der mit Kind und Kegel ohne Habe, Unterkunft und Möbel herumstreunt und Almosen erheischt. Die fallen nicht ins Gewicht. Und trotzdem haben wir an sie gedacht. Sie werden von uns ausgestattet – nicht mit echten Wolfsfellen, sondern mit spottbilligen Nachbildungen.“

„Du solltest die Ärmsten der Armen nicht beleidigen, auch sie sind Menschen, und sie sind zahlreicher, als du dir vorstellst. Das kann ich bestens beurteilen. Während unserer Rundreise haben wir sie gesehen und waren gerührt, weil gerade sie uns bejubelt haben.“ Dass er bestens auch Bescheid wusste durch die früheren Berichte seiner Gemahlin, behielt er für sich. Lalande zumindest vorläufig verloren zu haben, bedeutete zusätzlichen Triumph für seinen Widersacher.

„Und du, deine Tochter und eure Begleiter – habt ihr euch der armen Teufel nicht geschämt?“

„Wir haben uns tatsächlich geschämt – vor allem meine Tochter, – wir schämten uns, aber nicht so, wie du meinst, sondern, weil wir den Leuten nicht aus ihrer Armut helfen konnten – zumindest nicht kurzfristig. Aber was ist mit den Wohlhabenden? Den Herrn im feinen Zwirn? Und den feinen adligen Dame in ihren blumigen, luftigen, duftigen Röcken und Kleidern? Die Damen, die sich besonders bei Festbanketten herausputzen und mit Parfüms und sonstigen betörenden Duftstoffen besprühen? Wie willst du dieser Gesellschaft die stinkenden Wolfsfelle schmackhaft machen?“

Krapp erhob sich, wie um seiner nunmehr folgenden unseligen Verkündigung Nachdruck zu verleihen, und er entgegnete mit schneidender Stimme: „Ich weiß, das ist unmöglich, das geht nur, wie schon von mir angedeutet, mit einem knallharten Gesetz …“ Dann nahm er wieder Platz.

König Sandanger wurde bleich und krampfte die Hände in das Tischtuch, sodass es fast bis auf den Fußboden rutschte, als Krapp, zynisch lächelnd, den ungeheuerlichen Wortlaut der menschenverachtenden, sogar menschenfeindlichen gesetzlichen Weisung nannte. Zuerst war König Sandanger wie gelähmt, dann sagte er heiser: „Was du vorhast, ist so ungeheuerlich, dass es mich nicht wundern würde, wenn du die Wölfe gezüchtet hättest!“

Es war das erste Mal, dass er in einem Gespräch offene Feindseligkeit zeigte, aber Krapp blieb nach außen hin gelassen, wenngleich er unter der Tischplatte den Ring immer schneller um seinen Finger kreisen ließ. Mit einer weiteren zynischen Bemerkung schlug er zurück: „Du kannst dich ja an Ort und Stelle überzeugen, oh König, aber zieh dich warm an, es ist kalt in Sibirien.“

Über diese dreiste Erwiderung geriet König Sandanger so in Harnisch, dass er aufsprang, als wollte er Krapp an die Gurgel gehen. Wie herbeigerufen, schälte sich in diesem Augenblick aus einem Staub aufwirbelnden roten Vorhang ein kleiner, buckliger Mann, der ein Bein nachzog: Carlo, der Hofnarr. Die Laute im Anschlag, baute er sich vor Krapp auf, zupfte die Saiten und sang:

„Mit meinen Fingerkuppen,
da führe ich die Puppen.
Ach hätte ich doch Truppen,
dann sollte es mir fluppen,
den bösen Wolf zu kuppen
und schleunigst ihn zu stuppen.
Trallala juchheißaßa!
Trallala-trallala-juchheißaßa!"

Carlo tanzte um Krapp herum wie ein Irrwisch und brach in ein irres Hohngelächter aus. Krapp schäumte vor Wut, ihm war klar, dass er in des Hofnarren Lied den Wolf spielte, beherrschte sich aber und tat so, als sähe er nachsichtig auf die in seinen Augen dummen Reime herab. Carlo war nicht entgangen, dass der Siegelring blitzschnell um Krapps Finger wirbelte, und er ließ es Krapp durch ein verächtliches Zucken seiner Mundwinkel wissen.

Während König Sandanger wieder mit gemessenen Bewegungen Platz nahm, warf er Carlo einen dankbaren Blick zu, zumal er wusste, dass dieser erschienen war, um ihn vor einer verheerenden Unbedachtsamkeit zu bewahren. Freilich änderte es nichts daran, dass er gezwungen sein würde, die aufgezwungene Weisung zu unterzeichnen. Das Wagnis, die Wolfsgefahr zu unterschätzen, konnte er nicht eingehen; die Mittel, die Gefahr auf ihren Wahrheitsgehalt hin zu überprüfen, hatte er nicht. Aber in Anbetracht der Rigorosität des Gesetzes hoffte er, niemand würde es brechen und daher keinen Schaden nehmen …

Nachdem Carlo sich zurückgezogen hatte, dachte dieser: „Eben hat König Sandanger sich erneut tapfer geschlagen; darüber hinaus sind ihm leider die Hände gebunden, nicht wegen einer Schwäche seiner Person, sondern wegen der Disposition und Situation. Doch in einem Punkt ist er bärenstark. Niemand würde es wagen, seiner Tochter auch nur ein Haar zu krümmen, geschweige, Hand an sie zu legen – auch Krapp nicht. Wenn es hart auf hart käme oder, wie der Volksmund sagt, ‚Spitz auf Knopf', hinge auch Krapps Leben an einem seidenen Faden. Wir haben viele treue Anhänger …"

Schneller als Carlo gedacht, fuhr der König Krapp in die Parade.
DER KÖNIG stellt Krapp in der Schlosshalle: Ich habe mit dir ein Hühnchen zu rupfen.

KRAPP grinsend: Nanu … Sollten wir dazu nicht in die Küche gehen?

KÖNIG: Mir ist zu Ohren gekommen, du hättest deinem Berater ins Ohr geflüstert, ich stände meiner Tochter sehr nahe.

KRAPP: Na und? Dass ein Vater seiner Tochter nahesteht, ist eine Binsenweisheit.

KÖNIG: Binsenweisheiten aus deinem Mund? Undenkbar. Du tust anderes kund. Deine Bemerkung klang anzüglich.

KRAPP scheinheilig: Wieso?

KÖNIG: Du hast grinsend hinzugefügt: Bei Tag und Nacht …

KRAPP zuckt, Unwissen vortäuschend, die Achseln.

KÖNIG insistiert mit einer der längsten und inhaltsschwersten Reden seiner Amtsperiode: Du weißt genau, dass ein Vater nächtens in der Nähe seiner Tochter – etwa an ihrer Lagerstatt – nichts verloren hat. Zuwiderhandlung wäre nicht nur eine schwere gesetzliche Verfehlung – also Blutschande –, sondern vor allem eine Todsünde. Solltest du es wagen, es mir nicht nur ins Gesicht zu sagen, sondern mir zulasten ein solches Gerücht sogar zu verbreiten, werde ich DIR so nahe kommen – der Volksmund würde sagen: dir auf die Pelle rücken – dass du dich nie mehr davon erholst und daran sogar zugrunde gehst …

KRAPP sieht König Sandanger ins Gesicht. Dessen Augen sprühen Feuer, und er fletscht die Zähne fast wie ein Wolf. Einen Moment lang hat Krapp das Gefühl, in einen Spiegel zu blicken. – Mit der bisher heftigsten spontanen Replik des Königs konfrontiert, zuckte er zusammen und ließ die Vorwürfe über sich ergehen. Carlo, der alles mitbekommen hatte, konnte es sich nicht verkneifen, abends in seinem Tagebuch zu notieren, Krapp hätte vor dem König den Schwanz eingezogen.

In seriösen Worten ausgedrückt, hatte der König zum ersten Mal seinem Widersacher Krapp Respekt eingeflößt. Zuvor hatte es Sandanger Krapp gegenüber aus den bekannten Gründen an Mut und vor allem an Durchschlagskraft gemangelt. Jetzt, da es um die Ehre seiner innig geliebten Tochter ging, wuchs der König über sich hinaus. Krapp bekam vor ihm solche Angst, dass er die Augen niederschlug, und da sich seine Angst sogar in Panik verwandelte, wirbelte Krapp verstohlen wieder den Ring um seinen Finger.

Wegen dessen Brisanz besprach König Sandanger die Misere bezüglich des verhängnisvollen, verhehrenden, menschenvernichtenden Gesetzes nur im engsten Kreis mit Carlo, seiner Tochter und dem ernsten Minister. Besonders beunruhigt waren sie wegen der Reaktion des betroffenem Volkes. Würde das Volk entrüstet aufbegehren oder wegen der angeblich immensen Gefahr durch die Wölfe die Füße stillhalten…?

7. Kapitel

Krapps zweiter Grabenkampf mit Janosch wegen der Wölfe

Als Krapp innerhalb kurzer Frist zum zweiten Mal wegen der Wolfsplage bei Janosch vorstellig wurde, war diesem endgültig klar, wie brisant die Angelegenheit war. Inzwischen hatte Janosch sich gewappnet und beschlossen, energischeren Widerstand zu leisten als bisher, wenn auch weiterhin zunächst nur mit beißender Ironie. Krapps Drängen begegnete Janosch nach kurzem Nachdenken mit einem Wortspiel: „Wenn du meinst, du könntest aus der Vernichtung der Wölfe Kapital schlagen, unterliegst du einem kapitalen Denkfehler."

Krapp zuckte zusammen, als wäre er selbst von einer Salve getroffen oder sogar niedergestreckt worden, umso stärker, als Janosch es wagte, ihn zu belehren: „Wenn du den Wölfen mit Gewehrschüssen die Felle verbrennen lässt und diese sogar durchlöchert werden wie ein Sieb, können sie nicht mehr unter die Leute gebracht und zu Geld gemacht werden."

Wenn Janosch nur im Entferntesten geahnt hätte, welches Druckmittel Krapp mit einem an Unmenschlichkeit nicht mehr zu übertreffendem Gesetz anwenden würde, um die Leute zu zwingen, Wolfsfelle zu kaufen, wäre er ihm erheblich heftiger in die Parade gefahren.

Auch ohne dies wurde Krapp bleich wie eine mit frischem Kalk bestrichene Wand. Seine vorübergehende Irritation ausnutzend, fügte Janosch hinzu: „Das einzig wirksame Mittel, die Wölfe auszuschalten, sind Fallen. Aber Tierfallen, speziell Wolfsfallen, gibt es längst, wenn auch nicht in der erforderlichen Zahl, wie du sie dem Anschein nach benötigst. Dafür brauchst du mich nicht; du hast genug Leute, die du mit deren Herstellung beauftragen kannst."

In Anbetracht von Janoschs nie erlebter unbeugsamer Haltung schäumte Krapp vor Wut, und diese entlud sich sofort auf seinen Widersacher, aber dieses Mal nicht mit einer üblichen Drohung, sondern ausnahmsweise auch seinerseits mit Spott: „Wenn ich einen wie dich mit der Konstruktion entsprechender Wolfsfallen betrauen würde, kämen Lebendfallen heraus. Ginge es nach dir, würden die Bestien in riesigen Tierparks untergebracht, mit Leckereien gefüttert und bekämen im Alter als krönenden Abschluss üppiges Gnadenbrot."

Janosch bestätigte lachend: „Bei einem wie mir ist in der Tat – eigentlich müsste ich sagen: bis auf eine miese alias Misse-tat – nichts auszuschließen …"

Ausnahmsweise suchte Krapp noch am selben Tag Zuflucht bei seinem einzigen Ratgeber. Dieser sagte: „Anscheinend ist Janosch nicht so harmlos beziehungsweise gutgläubig, wie wir angenommen haben, oder er hat sich gemausert. Jedenfalls hat er dich reingelegt."

„Mich reingelegt?" Krapp war fassungslos. Da er flüchtig in einer Glasvitrine sein Ebenbild betrachtete, fügte der Ratgeber hinzu: „Ich könnte auch von Spiegelfechterei sprechen. – Thema Schüsse auf den Körper: Wie du wissen solltest, hat schon in grauer biblischer Vorzeit der

Hirtenknabe David mit seiner Schleuder auf den Schädel des Goliath gezielt und ihn ausgeschaltet."

Krapp wendete ein: „Goliath war zwar ein Riese, aber ein Mensch." Daraufhin fiel der Ratgeber ihm ins Wort: „Auch Raubtiere werden durch Schüsse zwischen die Augen niedergestreckt. Auf diese Weise hat David auch Tiger und Löwen besiegt – sogar einen Elefanten. Dass er Goliath besiegte, war also kein Wunder, nicht mal eine Heldentat, sondern ein Hochgenuss als Kunstschuss."

„Und du meinst, so könnten wir auch mit den Wölfen fertigwerden?"

„Genau so! Wenn auch nicht mit Schleudern, sondern mit Gewehrschüssen mittels des noch zu erfindenden Schießpulvers. Dann kriegen deren Felle keinen Kratzer ab."

Krapps Wut auf Janosch wurde immer stärker: „Am liebsten würde ich Janosch – neuerdings Erfinder von Ausflüchten – achtkantig feuern oder sogar liquidieren."

„Ihn liquidieren, hieße, ihn zum Märtyrer machen. Das wäre unklug – und wenn du ihn feuerst, besteht die Gefahr, dass er sich auf die Seite deiner Gegner schlägt. Ein kreativer Kopf wie er wird in seinem gesamten Leben bis zum letzten Atemzug Erfindungen anstreben. Behalte ihn, und du behältst die Kontrolle. Und noch ein Ratschlag: Lass Janosch in Ruhe seine Spinnerei mit der Buchdruckerkunst vervollkommnen. Das wird ihn so beschäftigen, dass er uns nicht ins Gehege kommt. Wenn du ihn zwingst, sich auf Schießpulver einzulassen, besteht nicht nur die Gefahr, dass er dich aufhält, sondern sogar boykottiert."

„Wie meinst du das?“

„Er wird darauf bestehen, Experimente zu machen. Diese wären im Schloss zu gefährlich und müssten außerhalb des Schlossbereichs etwa am Ufer eines Teichs stattfinden. Janosch könnte behaupten, dort wäre das Pulver nass und somit unbrauchbar geworden. Seine Abwesenheit könnte er sogar ausnutzen und Fersengeld geben.“

„Was heißt das?“

„Populär ausgedrückt, er macht die Fliege oder macht sich dünn. Dabei bestünde die Gefahr, dass er im Untergrund einen Aufstand gegen dich entfacht.“

Da Krapp irritiert dreinblickte, wurde sein Ratgeber noch deutlicher: „Janosch könnte die Flucht ergreifen – mitsamt den Plänen, um sie anderen nutzbar zu machen. Ich traue ihm zwar keine Heimtücke zu, aber er könnte schlimmes Unheil anrichten …“

Krapp hielt es nicht mehr aus und kreischte: „Hör auf!“, aber der Ratgeber fügte gnadenlos hinzu: „Janosch könnte mit einer Detonation oder sogar mit einer Explosion das gesamte Schloss einschließlich Umgebung in Schutt und Asche legen.“

Krapp hielt sich die Ohren zu, als hätte er im Geist schon einen lauten Knall vernommen und rief aus: „Male nicht den Teufel an die Wand. Dann soll Janosch besser zum Bücherwurm degenerieren, als mich zu drangsalieren.“

„Das wäre ein weiser Entschluss, zumal dir später auch Bücher zugutekommen könnten.“

„Wieso?“

„Gleich, was in den Büchern steht, beispielsweise Geschichten aus der Bibel oder aus Tausendundeiner Nacht, du könntest dafür sorgen, dass entsprechende Zeichnungen Produkte zeigen und preisen, die du erstellt hast, und die Abbildungen werden die Leser verführen, diese Erzeugnisse zu kaufen. Oder du lässt unverhohlen unzählige Werbezettel und Broschüren herstellen. Und diese wiederum sorgen für Mundpropaganda."

Während Krapp die raffinierten Ideen seines Ratgebers über künftige Absatzmöglichkeiten zu verdauen versuchte, kam dieser wieder unmittelbar auf Krapps Anliegen zurück: „Während Janosch sein Anliegen mit den Büchern vorantreibt, ist es ein Kinderspiel, jemanden aufzutreiben, der uns gegen entsprechende Barschaft das Rezept mit dem Schießpulver verschafft. Die Gewehre stellen wir selbst her …"

Einstweilen war Krapp zufriedengestellt. Trotzdem war er immer noch aufgebracht. Weniger wegen der ungewohnten Aufsässigkeit des ihm zuvor dem Anschein nach völlig ergebenen Erfinders Janosch. Krapp kochte vor Wut wegen seiner selbst. Es fiel ihm ein, dass er unlängst mit Janosch über den Zusammenhang zwischen Wissen und Macht disputiert hatte. Nach dem brandheißen Gespräch mit seinem Ratgeber wurde Krapp bewusst, dass er – auch im Vergleich zu Janosch und dem Ratgeber – ziemlich blamabel dastand und dass seine Macht vorwiegend auf Lügen, Intrigen, sonstigen Gemeinheiten und Gewalttaten beruhte …

Entrückt hörte er nunmehr den handfesten Vorschlag seines Ratgebers: „Ein Wort von dir, sogar ein Fingerschnippen, genügt, und ich knüpfe Verbindung zu einer Seilschaft, die mit dem Schießpulver zu tun hat. Schon in Kürze wird deine Macht allumfassend sein.“ Da sah er, wie Krapp den Ring um seinen Finger wirbeln ließ.

Etwa um diese Zeit belauschte Carlo im Schloss in Austria einen Minister, der einem Kollegen gegenüber den Verdacht äußerte, Krapps Machtgelüste gingen so weit, eine Heirat mit Prinzessin Svea ins Auge zu fassen, und Carlo spürte, wie ihm die Galle überlief. Bis der Kollege auf die zahlreichen Geliebten Krapps verwies, meist älter als er – und auf dessen füllige, vollbusige Hauptmätresse. Dies wertete er als Beweis für Krapps Desinteresse an der mädchenhaft schlanken Prinzessin. Außerdem ergäbe sich für Krapp die Gefahr, wenn er die Verwandtschaft zu König Sandanger erzwinge, nicht mehr genug Abstand zu haben und sogar sich selbst in Abhängigkeit zu verstricken. Den möglichen Gedanken, sich selbst auf den Königsthron zu schwingen, würde bedingen, den amtierenden König zum Abdanken zu zwingen, ihn abzusetzen oder sogar zu liquidieren. Die enorme Volkstümlichkeit von Sandanger und Tochter spräche eindeutig dagegen – auch die Beliebtheit der Königin, die immer noch trotz langer Verschollenheit in den Köpfen der Untertanen herumspukte, mit der Hoffnung, sie würde wieder auftauchen – und sei es durch einen Zauber. Diese unzähligen Risiken könne auch einer wie Krapp nicht eingehen. Und Carlo tat heimlich einen tiefen Seufzer der Erleichterung, zumal er merkte, dass Königin Lalande nach wie vor nicht nur hier, sondern allüberall unvergesslich zu sein schien …

8. Kapitel

Ramon wird auf einem Marktplatz in Gewahrsam genommen

Ermüdet von wochenlanger Wanderschaft durch Wälder, über Felder und unwegsame Pfade, von brennenden Hautabschürfungen gezeichnet, gezwickt von Dornen, geplagt von Hunger, betrat Ramon, als die Sonne am höchsten stand, eine kleine Ortschaft im Westen des Franzosenlandes. Sein erster Weg führte ihn auf den Marktplatz. Dort herrschte buntes Treiben. Die Leute probierten, naschten und hielten überall ein Schwätzchen – und sei es nur ein Schatz mit seinem Schätzchen –, ehe sie sich zum Kauf entschlossen. Gemüse- und Obststände wechselten mit Buden, an denen Wild und Geflügel hing, und Theken, auf denen sich Zwiebeln, Rüben und Rettiche türmten.

„Billige Eier, billige Eier, ganz frisch, sämig die Butter, süß die Milch, noch süßer die Sahne, Herrschaften, kauft billig …“

Während der Bauer stimmgewaltig seine Waren anpries, bückte er sich zu seiner Frau hinab, die sich an einer Kiste zu schaffen machte. „Du blöde Triene!“, zischte er, „hier stinkt es wie die Pest, weg mit den faulen Eiern, sonst laufen uns die Kunden davon; dalli, dalli, sonst setzt es heut Abend Knalli-Knalli.“ Und er drohte mit geballter Faust.

Fast in gleichem Atemzug rief er wieder laut und so freundlich, als sei er bester Laune: „Billige Eier, billige

Eier, ganz frisch, heute morgen gelegt, noch bevor der Hof war gefegt …“

Als er Ramon erblickte, der soeben vorbeikam, wich er so ungestüm zurück, dass eine Eierkiste umfiel und Eiweiß und Eigelb über den Boden flossen, stieß einen erschreckten Laut aus und rief: „Weg, du schwarzer Lumpenhund, sonst mache ich dich rund! Jetzt weiß ich auch, warum es hier in Wahrheit stinkt!“

Noch heftiger keifend als ihr Mann, zumal er sie ungerecht und unsinnig verdächtigt hatte, faule Einer ausgelegt zu haben, eiferte die Frau ihrem Mann nach, und plötzlich gewahrte Ramon, dass Händler, Käufer und Schaulustige mit Fingern auf ihn zeigten und einige sogar das Weite suchten.

Unterwegs hatte er mehrfach erfahren, dass ein Mensch, der sich von seiner Umgebung durch Größe, Sprache, Haarpracht oder Hautfarbe abhob, scheel angesehen wurde, aber so schlimm wie hier hatten sich die Leute nirgendwo gebärdet. Sobald er ein Goldstück zwischen den Fingern wirbelte, pflegten die Leute ihre Vorbehalte gegen ihn zu vergessen oder zurückzuschrauben, aber auf diesem vermaledeiten Marktplatz war nicht einmal für zwei Goldstücke jemand bereit, ihm auch nur ein paar Birnen zu verkaufen, wie er am nächsten Stand zu spüren bekam, an dem auch Pflaumen um die Wette strahlten, vollreife Äpfel ihre roten Backen aufbliesen, krumme Gurken mit ihren spitzen Nasen zwischen gelben Erbsen herumstocherten und dünne grüne Stangenbohnen sich aneinanderschmiegten, umgarnt von Petersilie und Suppenkraut. Was war in die Leute gefahren? Warum unterschieden sie sich von jenen, mit denen er es bisher zu tun gehabt hatte!

Auf einmal merkte er, dass er sich durch ein weiteres Merkmal von ihnen unterschied neben Hautfarbe und Haarpracht: Er unterschied sich durch seine Kleidung. Die Leute um ihn herum trugen ohne Ausnahme graue Wolfsfelle, er allein war angezogen, wie er es gewöhnt war. Nur ein junges Mädchen störte sich nicht an Ramons Aufmachung. Sie hatte sogar den Mut, auf ihn zuzugehen, zupfte ihn am Ärmel und deutete auf eine alte, mächtige Rotbuche, die mitten auf dem Markt ihre ausladenden Äste ausbreitete und auf diese Weise den Marktbesucherinnen Schutz vor der Hitze bot. Eine junge Frau riss die Kleine an den Haaren, zeterte mit ihr und versetzte ihr Ohrfeigen. Ein dankbares Lächeln auf den Lippen für das Mädchen, aber außerstande, ihr beizustehen, da die Umstehenden drohende Haltung gegen ihn einnahmen (wobei er die auf ihn gerichteten Finger wie kleine Dolche empfand), ging Ramon auf die Rotbuche zu und sah, dass an ihrem Stamm ein weißes, in der Sonne grell leuchtendes Plakat prangte. Die Leute entwichen in alle Winde, als verbreite er eine Seuche, und er schämte sich, dem Mädchen, das jetzt weinte, nicht geholfen zu haben.

Auf dem Weg zur Buche wurde seine Aufmerksamkeit auf kleine, in der Sonne glitzernde Kieselsteine gelenkt. Er bückte sich, hob sie auf, schloss die Hand und wunderte sich, dass sie sich trotz der Hitze so kühl anfühlten wie Perlen. Zu Beginn seiner Wanderschaft, im Vorfrühling, hatte er eines Abends, auf einem kleinen Platz, ein offenes Feuer gesehen, auf dem Kastanien brieten. Bläulicher Rauch war emporgestiegen, und der Duft der Kastanien hatte seine Nase gekitzelt. Sie liefen Gefahr, zu verkohlen, weil der Mann, der das Feuer betrieben, beim Anblick von Ramon das Weite gesucht hatte, was die Leute zum Lachen brachte, und die Kastanien lockten Ramon so sehr, dass er sie auf der Handfläche tanzen ließ, um sich nicht zu verbrennen. „Wenn kein Kassierer da ist, brauche ich auch nicht zu bezahlen", hatte er damals gedacht. Diese Nebensächlichkeit ging ihm trotz seiner Bedrängnis jetzt durch den Kopf, als er, mit den Kieseln spielend, auf die Buche zuging.

In dieser Gegend verständigten sich die Leute in einer anderen Sprache als in seiner Heimat. Wie Ramon nur mühsam zu übersetzen vermochte, stand auf dem Plakat:

> *Wer in diesem Distrikt ab dem fünften Sonntag nach Ostern in anderer Kleidung angetroffen wird als in einem Wolfsfell, der ist des Todes und wird öffentlich auf einem Scheiterhaufen verbrannt.*
> *Gegeben und beschlossen von König Sandanger.*
> *Hinweise, die zur Ergreifung der Kleiderschänder führen, werden mit 100 Golddukaten belohnt.*
> *Unterschrift: der Polizeipräfekt ...*

In einem weiteren Absatz war zu lesen:

> *Erhältlich sind die Wolfsfelle auf allen Märkten. Die Felle sind mit einem großen „K" gebrandmarkt, und nur diese Felle sind die richtigen ...*

Da sich zwei Männer vordrängten, trat Ramon unauffällig zur Seite, um nachzudenken, wie er sich verhalten sollte, und es fügte sich für ihn günstig, weil die Männer von ihm keine Notiz nahmen. Einer der Männer wirkte wie ein Einheimischer, der andere wie ein Orientale, und es hatte den Anschein, als wollten sie das Plakat dechiffrieren, um nicht zu sagen, zerpflücken.

Der Orientale befand: „Dieses Gesetz ist nicht nur grausam und verrucht, es wird auch noch missbraucht, um für die Geschäfte von Kretin Krapp Reklame zu machen!"

Sein einheimischer Gefährte schränkte ein: „Es sei denn, es hätte jemand geschickt etwas ausgeheckt…"

„Du denkst an jemanden Bestimmten?"

„Ja, an den raffiniertesten Hofnarren, den die Welt je erlebt hat."

„Der bei uns als Harlekin bekannte Carlo am Hofe von König Sandanger, dem Krapp dieses Gesetz abgeluchst hat?"

„Ja, Carlo ist mit allen Wassern gewaschen."

„Wir im Orient pflegen zu sagen: mit allen Ölen gesalbt."

Die beiden Freunde konnten sich ein einvernehmliches Lächeln nicht verkneifen. Aber nun wollte der Orientale wissen, was Carlo Mutmaßlich im Schilde führte.

Sein Einheimischer Freund erklärte: „ Mit dem Werbehinweis auf den Buchstaben ‚K' hat Krapp sich als Verursacher des verbrecherischen Scheiterhaufengesetzes öffentlich nicht nur bloßgestellt, sondern sogar gebrandmarkt. Das wird ihn kurz oder lang zur Strecke bringen und den Hals brechen." Nach der Prognose machten die beiden sich Hand in Hand auf den Weg.

Nur kurz dachte Ramon über das in seinen Augen widersinnige Gesetz nach, auch über die unangemessen hohe Strafe, dann beschloss er, sich schleunigst ein Wolfsfell zu besorgen. Er hatte nur eins im Sinn: den Spuren der Prinzessin Svea zu folgen.

Je öfter er sich ihr Bildnis vor Augen führte, desto mehr liebte er sie, zumal er immer wieder neue Züge entdeckte, die sie ihm liebenswert machten, was ihn verwirrte, er hatte sie doch gemalt. Und so zeigte es alle Empfindungen, deren er selbst fähig war, und die Hoffnung auf ihre Liebe, die zu erwerben er sich von ganzem Herzen wünschte. Warum sollte er sich hier auf dem Markt in Schwierigkeiten begeben, die ihn von seinem Ziel entfernt hätten?

Am letzten Stand des Marktes erspähte er mit seinen scharfen Augen eine Leine, auf der einige schadhafte Wolfsfelle baumelten. Sie sahen aus, als hätten sie Staub angesetzt oder als hätten Motten sich an ihnen gütlich getan und als warteten sie vergeblich auf einen Käufer, zumal die Leute eingedeckt waren. Obwohl Ramon durch sein Gebaren keinen Zweifel daran ließ, in der Absicht gekommen zu sein, ein Fell zu kaufen, ließ der Verkäufer, der nur im Schatten einer übel riechenden Fischbude eine Makrele verzehrte, sich nicht blicken. Erst als Ramon vier Goldstücke über die Theke hüpfen ließ, war der Verkäufer zu erweichen, bequemte sich aber aufreizend langsam an seinen Stand und überließ Ramon feilschend und schielend das größte Fell, nachdem dieser zähneknirschend noch ein Goldstück dazugelegt hatte.

Aber Ramon kam nicht mehr dazu, sich das Wolfsfell überzustreifen, da zwei Polizisten auf ihn zustürmten. Sie nahmen ihn fest und schleppten ihn zur Gendarmerie.

Als Fremdling aus einem fernen Land wollte Ramon es vermeiden, über Gebühr Aufmerksamkeit auf sich zu lenken, und ließ die Arretierung ohne nennenswerte Gegenwehr über sich ergehen.

In der Gendarmerie sperrten sie ihn in ein Nebenzimmer, dessen verschlossenes Fenster in einen Garten wies, hinter dem sich der Wald anschloss, aus dem er gekommen war. Durch die dünne Wand und die Holztür hörte er Fremde mit einheimischen Leuten heftig miteinander streiten. Jeder beanspruchte das Lösegeld für sich, jeder behauptete, der erste gewesen zu sein, der den Mann mit der dunklen Hautfarbe entdeckt und gemeldet habe. Nur eine ältere Frau ergriff Partei für ihn. „Lasst ihn seiner Wege gehen“, sagte sie, „ihr seht doch, dass er ein Fremder ist und sich bei uns nicht auskennt. Nicht mal im Traum denkt er daran, sich gegen unsere Ordnung aufzulehnen. Der Beweis: Sofort hat er ein Wolfsfell gekauft, nachdem er gelesen hatte, dass es laut Gesetz seit dem 5. Sonntag nach Ostern bei uns Volkskleidung ist.“

Die Gendarmen fuhren dazwischen: „Wenn ihr euch nicht einigen könnt, gehört das Lösegeld uns!“ Ein anderer rief: „Teilen!“

Fast überall auf der Welt kennen die Leute die Redensart, dass man das Fell des Bären nicht verteilen kann, bevor man ihn nicht erlegt hat. Ramon zertrümmerte das Fenster mit bloßer Faust, ungeachtet dessen, dass er sich blutig schlug. Die Streithähne hörten das Klirren des splitternden Glases nicht, weil ihnen die Kämme geschwollen waren wie die von streitenden Hähnen und ihr Lärm kein Ende nehmen wollte. Ramon sprang in den Garten, hastete an Bäumen und friedlich duftenden Blumenbeeten vorbei, sprang über einen Zaun, lief auf einen Waldesrain zu und verschwand dann zwischen dunklen Tannen.

9. Kapitel

Zuflucht bei braven Bauersleuten

Inzwischen geübt, sich durch Buschwerk und unwegsame Wälder zu kämpfen, schüttelte Ramon die Verfolger ab, die soeben mitbekommen hatten, wie sein Schatten im Wald verschwunden war. Um die Gefahr so schnell und so weit wie möglich zu bannen und hinter sich zu lassen, hastete er, heimlich beäugt von zahlreichen Tieren, stundenlang weiter, ohne zu rasten, bis die Dämmerung sich ausgebreitet hatte und den Tann noch schwärzer gefärbt hatte, als er ohnehin an etlichen Stellen war.

Über den ganzen Tag war es schwül gewesen, und schon auf dem Markt waren die ersten Wolkenfelder aufgezogen. Ramon wurde der Atem kurz, und der Schweiß trieb aus seinen Poren. Auf einmal fing es an zu regnen, zögernd erst, dann heftig. Donner grollte, Blitze zuckten, es wurde unheimlich im Wald. Schon bald gewährten die Blätter der Bäume keinen Schutz mehr gegen die Nässe und gossen das Wasser, das sie gesammelt hatten, über Ramon, als stände er unter einer Traufe. In immer kürzeren Abständen zerrissen die Blitze den nächtlichen Himmel, alle Mächte der Hölle schienen sich über den Wipfeln der Bäume ein Stelldichein zu geben und mit krummen Säbeln aus Lichtstrahlen am offenen Himmel aneinandergeraten zu sein. Der Waldboden dampfte, als habe der Regen sich erhitzt. Bis auf die Haut durchnässt, fror Ramon jämmerlich, obwohl Sommer herrschte; allzu jäh war der Temperatursturz.

Plötzlich fuhr Ramon zusammen. Ein Knall, als sei ein Felsen geborsten, hatte ihn aufgeschreckt. Er meinte, Pech und Schwefel zu riechen. Der Teufel schien auf die Erde niedergefahren zu sein; und zum ersten Mal stellte Ramon sich die Frage, ob seine Wanderschaft sinnvoll sei.

„Vielleicht wäre ich besser daheim geblieben und hätte ein braves Mädchen geheiratet, das zu mir passt; mit einem wie mir will die Prinzessin bestimmt nichts zu schaffen haben", dachte er zaghaft.

Als hätte er sie persönlich gefragt und warte auf Antwort, öffnete er das Medaillon und sah die Prinzessin an. Ein Regentropfen fiel auf ihr Gesicht, sie schien zu weinen, und Ramon schämte sich, auch nur eine Sekunde gezweifelt zu haben.

„Auf meinem Weg habe ich oft Hunger gehabt, gefroren und unbequem geschlafen, sonst ist es mir gut gegangen. Heute wurde ich festgenommen, die Flucht fiel mir leicht, nur eine kleine Schramme an der Hand ist zurückgeblieben, und die ist morgen vergessen. Es ist schlechtes Wetter, ich bin über Wurzeln gestolpert, im Morast ausgerutscht und einmal hingefallen … Wenn ich schon bei Dornen, die kaum zwicken, und ein bisschen Pein im Rücken ans Aufgeben denke, wie soll ich größeren Prüfungen standhalten, und überdies bin ich dann der Prinzessin nicht würdig", ging Ramon mit sich in Gericht und schwor, von nun an stark zu bleiben.

Mit neuer Zuversicht raffte er sich auf, wühlte sich weiter und sah auf einmal wie zur Belohnung als Leitstern ein schwaches Licht durch die Bäume schimmern. Aber als er näher kam, sah er keinen Stern, sondern einen kleinen Bauernhof. Wollte das Schicksal ihn auszeichnen, weil er beschlossen hatte, durchzuhalten? Doch dann regnete es heftiger als zuvor, sogar ein Graupelschauer ging nieder, als er durch hohes Gras watend um das Wohngebäude des Bauernhofs strich und an den mit Gardinen verhängten Fenstern klopfte. Nichts rührte sich. Niemand schien ihn zu bemerken. Vielleicht überhörten die da drinnen sein Pochen im tosenden Unwetter.

Indes hatten die Bauersleute ihn wahrgenommen, aber sie waren zu ängstlich, die Tür zu öffnen. Im Hause weilten nämlich mit einer Ausnahme nur Frauen und Kinder. Der Bauer war mit seinen beiden Söhnen, dem verheirateten Marcel und dem noch nicht auf Freiersfüßen wandelnden Fabien für einige Tage zum Fischfang an die atlantische Küste gefahren. Unterwegs wollten sie auf einem Markt Obst, Gemüse, Rüben, Pilze und Tabak gegen Werkzeuge, Wäsche und Gewürze tauschen und für die Mutter des Bauern ein neues Wolfsfell kaufen, weil das ihre, während sie neben dem Ofen ein Nickerchen gehalten hatte, angesengt worden war. Außer den alten, das Gnadenbrot genießenden Eltern des Bauern waren im Hause: die Bäuerin; Jeanne, die unverheiratete Tochter der Bäuerin und des Bauern, also eine Schwester von Marcel und Fabien; und die mit dem dritten Kinde schwanger gehende Frau von Marcel: Sophie mit ihren Sprösslingen, dem kleinen Pierre, der Pierrot genannt wurde, und einem Säugling.

„Ich fürchte mich“, sagte Sophie, als sie Ramon durch die Vorhänge gesehen hatte, „der Kerl sieht grausig aus“, und tatsächlich, in seinem grauen zottigen, durchnässten Fell wirkte Ramon, dessen Haare jetzt glatt und strähnig vom Kopf hinunterhingen und aus dessen Schnurrbart es tropfte wie aus einem undichten Rieddach, furchteinflößend.

„Ein interessanter Mensch, wenn auch ein bisschen unheimlich und verwahrlost", befand die mit langen braunen Haaren und dunklen, runden, lustigen Augen ausgestattete Jeanne. Die Bäuerin, die rundlichste der Frauen, ihre Kopfhaare mit einem bunten Tuch geschützt, das sie unter dem Kinn festband, machte sich nicht die Mühe, aus dem Fenster zu schauen, zumal sie nicht gut sah; sie verließ sich auf die Einschätzung von Sophie und Jeanne, während die Alten so taten, als ginge alles sie nicht an.

Obwohl Mutter Sophie ihn zurückhalten wollte, entwischte Pierrot ans Fenster und drückte an der Scheibe die Nase platt. Einen Moment lang kreuzten sich seine Blicke mit denen Ramons.

„Huh, huh, da ist ein Wolf", sagte Pierrot angesichts dessen, dass auch Ramons Haare durch den Graupelschauer grau wirkten, und er schüttelte sich. Nachdem er noch einmal geblinzelt hatte, fügte er hinzu: „Aber seine Augen sind traurig und ganz schwarz. Wölfe haben keine traurigen, schwarzen Augen. Er friert bestimmt, seht mal, wie er zittert …"

„Nun gut", sagte nach kurzem Bedenken die Bäuerin, „wahrscheinlich ist er nur ein einsamer Wanderer, der vor dem Unwetter Schutz sucht. Macht auf, Gott wird's uns vergelten."

Pierrot eilte zu Tür; Jeanne, das Haar aus den Schläfen streichend, folgte ihm langsam; Sophie blieb zurück und verschränkte die Hände über dem gewölbten Bauch, als wollte sie das werdende Leben schützen. Die Bäuerin griff verstohlen nach einem unter den Ofen geratenen Holzscheit, nachdem sie gesehen hatte, dass von ihren Schwiegereltern, die neben dem Ofen hockten und eingeschlafen waren, keine Hilfe zu erwarten wäre.

Der immer noch fröstelnde Ramon sah zum Erbarmen aus. Die Bauersleute erkannten mit einem Blick, dass sie von ihm nichts zu befürchten hatten. Beschämt legte die Bäuerin den Holzscheit beiseite, wobei ihr Kopftuch verrutschte, und Sophie ließ die Hände sinken. Ramons Haare und Kleider tropften. Um seine Füße herum bildete sich eine Lache.

„Guten Abend, liebe Leute, entschuldigt, dass ich euch aufschrecke und sogar unter Wasser setze", begann Ramon, verlegen auf die Lache deutend, „aber ich habe mich verlaufen. Wenn ich mich bei euch kurz aufwärmen dürfte, bis das Gewitter sich verzogen hat …"

Jeanne sah den Fremden mit glänzenden Augen an und verglich ihn insgeheim mit ihren Brüdern. Diese hatten noch nie so liebenswürdig gesprochen, erst recht nicht zu ihr, die sie nicht ernst nahmen, sie war ja die jüngste Schwester. Bis auf die inzwischen erwachten Alten, die teilnahmslos, dann mit verkniffenen Augen den Gast beobachteten, kümmerte sich die ganze Familie um den Neuankömmling. Der Säugling in der Wiege schrie. Ob er Ramon begrüßte oder seinen Unmut kundtat, da er sich gestört fühlte?

Auf Geheiß der Bäuerin entledigte Ramon sich sämtlicher Kleider, einschließlich des Unterzeugs, was ihm Schamröte ins Gesicht trieb. Aber die Aufforderung war so unmissverständlich, und als wäre nichts dabei, ausgesprochen worden, dass er es unpassend gefunden hätte, zu widersprechen. Jeanne legte währenddessen Holz auf den Ofen nach, der auch im Sommer den ganzen Tag nicht ausging, weil auf ihm gekochte wurde; wegen der Abkühlung, die der Regen mit sich gebracht hatte, musste er jetzt auch Wärme spenden.

Sophie wurde aufgefordert, in der Speisekammer Brot, Käse und Milch zu holen. Auch der kleine Pierrot machte sich nützlich, sogar freiwillig. Mit einem Scheuerlappen wischte er die Lache trocken. Die Bäuerin bewaffnete sich mit einem großen Tuch, rieb Ramons Kopf und Oberkörper ab und ließ es erst in letzter Sekunde zu, dass ihr junger Gast, der sich scheu abwandte, den Rest selbst besorgte. Er hatte befürchtet, die Bäuerin würde ganze Arbeit an ihm verrichten, die Landessitte kannte er nicht.

Mit einem weiteren Tuch seine Blöße bedeckend, verzehrte Ramon mit großem Appetit das frugale Mahl, trank in tiefen Zügen die dampfende, von Sophie erhitzte und mit Honig angereicherte Milch, deren Duft die Stube erfüllte und von der auch Pierrot noch einen kräftigen Schluck abbekam. Jeanne, welche die wenigste Arbeit geleistet hatte, legte in der Nähe des Ofens Ramons Kleider über Lehne und Sitz eines Stuhls und stellte darunter dessen Schuhe.

Nachdem Ramon sich gestärkt hatte, musste er von sich erzählen, und die freundlichen Gastgeber hörten gespannt zu. Er tat so, als hätte er sich auf den langen Weg gemacht, um sich am Hofe von König Sandanger als Goldschmied zu verdingen. Dass er sein Herz an die Prinzessin verloren hatte, behielt er für sich. „Mein Leben lang habe ich am Atlantik in der großen Stadt Lisboa verbracht, die man hier Lissabon nennt, deshalb hatte ich zunächst Schwierigkeiten, mich in der Natur zurechtzufinden“, begann er zu erzählen.

„Warum bist du so braun?“, wollte der kleine Junge wissen.

„So etwas fragt man nicht!“, wurde er von seiner Mutter gemaßregelt, die befürchtete, Ramon könne sich durch die Frage in seiner Rasse beleidigt fühlen. Die Bäuerin dachte in die gleiche Richtung, denn sie erklärte dem Jungen: „In Spanien und Portugal sind alle Leute so braun, die Sonne scheint dort nämlich das ganze Jahr.“

„Nicht ganz“, schränkte Ramon ein, dem die offene Art des Jungen gefiel. Er sah auch keinen Anlass, dass wegen seiner Rasse Rücksicht genommen würde und fuhr zu erzählen fort: „Väterlicherseits stamme ich von den in Afrika lebenden Berbern ab, genauer gesagt von den Tuareg, daher meine dunkle Hautfarbe; meine Mutter ist Portugiesin, ich bin also ein Mischling. Den Kontinent meiner Väter, Afrika, habe ich leider nur einmal besucht.“

Ramon wurde von allen Seiten bestürmt, von Afrika zu erzählen, und auch die Alten waren jetzt hellwach. „Die Männer in Afrika tragen am Leib einen Kaftan und auf dem Kopf einen hellen Burnus mit Kapuze. Doch die Frauen, die bei unserem Stamm ein wesentlich höheres Ansehen genießen als bei vielen anderen afrikanischen und europäischen Völkern, verhüllen ihre Gesichter mit einem Schleier.“

Pierrot fragte kindlich: „Warum? Sehen sie so streng aus?“

Ramon antwortete lächelnd: „Nein, die meisten sind hübsch – wie auch die Mädchen und Frauen hier. Aber sie schützen sich mit dem Schleier vor der Sonne.“ Die alte Bäuerin schränkte brummend ein: „Und vor den gierigen Blicken der Männer.“

Ramon hielt auch nicht mit weiteren Schattenseiten für die afrikanischen Frauen hinter dem Berg: „Sogar in brütender Hitze müssen sie alle schweren Arbeiten verrichten, auch Lasten auf dem Kopf schleppen, sogar, wenn sie schwanger sind.“

Pierrot fragte: „Und die Männer?“ und erhielt von Ramon den Bescheid: „Die liegen den lieben langen Tag auf der faulen Haut, trinken Wein, rauchen Pfeife, schwätzen oder geben sich dem Würfelspiel hin …“

„Afrika ist leider weit“, seufzte der alte Bauer, und seine schwere, gichtgekrümmte Hand fuhr bis an den Rand des Tischs, wie um die große Entfernung zu Afrika zu versinnbildlichen. Er stopfte jetzt seinerseits die Pfeife, was ihm einen missbilligenden Blick seiner Frau eintrug.

Als Ramon von den geplagten Schwangeren sprach, fiel sein Blick bedauernd auf Sophie, die sich als einzige wieder der Beschäftigung zugewandt hatte, die sie vor seiner Ankunft begonnen. Auf einem Holzbrett, das auf den Rücklehnen zweier Stühle ruhte, plättete sie Wäsche, und der Dunst der frisch gewaschenen, auf der Wiese gebleichten und später mit Wasser gesprengten Röcke und

Schürzen zog durch die Bauernstube. Es zischte, wenn das Plätteisen über die angefeuchteten Hemden fuhr, und gleichzeitig stieg Dampf auf, den Pierrot mit den Händen zu haschen versuchte. Jeanne, deren dunkle Augen oft heimlich auf Ramon ruhten und die sich in der Stube zu schaffen machte, sah mit glühenden Wangen, dass Ramon in Eifer geriet, sobald er von seiner Heimat sprach und der Reise; Jeanne selbst war nie über die Umgebung des elterlichen Hofes hinausgekommen, und sie schmunzelte, weil Ramon aufgeregt an seinem Leberfleck kratzte.

„Es leben dort auch Menschen, die sind so schwarz wie die Nacht“, erzählte Ramon weiter, „und man verehrt dort einen Gott, der Allah heißt und der ähnliche Gebote erlassen hat wie unser Gott der Christen. Aber, das wird euch Frauen nicht gefallen, dieser Allah hat nichts dagegen, dass die Männer mehrere Frauen haben. Die Frauen leben in einem Harem und warten Abend für Abend darauf, bis ihr hoher Gebieter erscheint und …“ Ramon wusste nicht weiter und wurde rot, Jeanne kicherte, zumal Ramons Schnurrbart wieder zuckte, und der Vater des Bauern, der besonders die letzten Worte Ramons verschlungen hatte, rief: „Bravo! Sprich es ruhig aus: … und ihr Gebieter pocht auf seine traditionellen Rechte als Eheherr …!“

Seine Frau brachte ihn durch einen kräftigen Rippenstoß zum Schweigen, wodurch der Schal verrutschte, den sie sommers wie winters um die Schultern legte, weil sie immer fror. Die anderen lachten – bis auf Pierrot, der verdattert war, weil er die Anspielungen nicht verstanden hatte.

„Die Gotteshäuser, in denen die Gläubigen zu Allah beten, heißen Moscheen“, fuhr Ramon fort, der den kommentarlosen Zwist zwischen den Alten schmunzelnd zu Kenntnis genommen hatte. „Diese Moscheen tragen statt Dächern oder Türmen Minarette. Ausschließlich Moslems, die im Orient Rechtgläubige genannt werden, haben Zutritt, aber nur ohne Schuhe und Kopfbedeckung. Sie knien auf Teppichen und verbeugen sich, mit der Stirn den Boden berührend – Richtung Mekka. Das ist ein Wallfahrtsort, zu dem jeder Gläubige wenigstens einmal in seinem Leben gepilgert sein muss. Danach darf er sich Hadschi nennen.“

Großmutter nieste, als wolle sie das Wort Hadschi vertonen, und Pierrot lachte.

Ramon erzählte von Dromedaren, Ibissen, Kranichen, wilden Mauleseln und Heuschrecken, von Zisternen, von Pinien, Palmen, Oliven- und Orangenbäumen, von Zedern und Zypressen, von grünen Hügeln, kahlen, braunen Bergen und weiten Wüsten, an manchen Stellen durch fruchtbare Oasen geschmückt, die aber so selten seien wie Nadeln im Heu.

„Wenn du auf dem Felsen von Gibraltar stehst, kannst du bei klarem Wetter die Küste von Afrika sehen, aber du musst aufpassen, dass dir die Affen nicht auf den Buckel klettern und dir die Augen zuhalten oder dich umarmen und küssen – nur, wenn du sie mit Bananen fütterst, lassen sie dich in Ruhe“ … Diese Bemerkung löste Heiterkeit aus, nicht nur bei Pierrot, und Jeanne fühlte sich herausgefordert zu fragen, ob Ramon ebenfalls gefüttert werden wolle, da er so wenig gegessen habe, was er, wieder rot werdend, verneinte. Jeanne hatte schon auf der Zunge zu fragen, ob er stattdessen mit einem Kuss vorlieb nehmen wolle, beispielsweise von Pierrot, fand die Frage aber unschicklich und unterließ sie.

Die meiste Zeit über hockte Pierrot auf dem Boden und starrte Ramon an, als sei er von einem Stern auf die Erde herabgestiegen, während die Bäuerin, am Tisch sitzend, die abgearbeiteten Hände auf dem Schoß verschränkt, gespannt seinen Worten lauschte, Sophie immerfort bügelte und Jeanne umherlief, als habe sie, wer weiß was, in der Stube zu tun. Manchmal hörte sie Ramon gar nicht zu, betrachtete ihn nur und überlegte, was es mit dem Medaillon auf sich habe, das an seinem Halse baumelte. „Er erzählt so viel, aber darüber lässt er sich nicht aus“, dachte sie, und ihre Neugier war entfacht.

Mit einem Seitenblick auf den zu seinen Füßen kauernden und gebannt lauschenden Pierrot, der an den Zipfeln des über seine Knie gebreiteten Tuches spielte, erzählte Ramon, den Älteren zuzwinkernd, von geheimnisvollen Begegnungen im Wald.

„Unter dem Wurzelwerk einer mächtigen, knorrigen Eiche kroch auf einmal ein Waldgeist hervor, ein Faun, ein lüsterner Bursche, der mir angeblich hübsche Mädchen zeigen wollte“, setzte Ramon fort, damit der Kleine auf seine Kosten käme. „Zunächst bin ich ihm nicht von der Seite gewichen und ihm später nachgeschlichen, aber er hat mich an der Nase herumgeführt.“ Bei diesen Worten legte Ramon seinen Zeigefinger auf Pierrots Näschen. „Ich bedachte nämlich nicht, dass Johannisnacht war. Auf einmal haben Hexen mir aufgelauert. Diese wollten mich verzaubern und haben schrille Schreie ausstoßend einen Feuerschweif hinter sich hergezogen. Einen Besen zwischen den Beinen, haben sie wilde Tänze aufgeführt und mich in die Mitte genommen. Ich wollte aus dem Zauberkreis hinaus, aber sie hielten mich fest. ‚Gib mir einen Kuss und du bist frei, hihihi!', kicherte die älteste und hässlichste Hexe, und die anderen fielen in ihr Kichern ein. ‚Hihihi.'"

Pierrot fragte Ramon schaudernd: „Hast du die schlimme alte Hexe tatsächlich geküsst?" Aber Ramon beruhigte ihn: „Ich tat so, als wollte ich mich bücken, um meine Lippen auf den zahnlosen, welken Mund der Alten zu drücken, habe ihr aber schwuppdiwupps einen Schubs gegeben, dass sie purzelte …"

Pierrot kreischte vor Wonne und klatschte in die Hände, sodass Ramon feixend unterbrechen musste, ehe er fortfahren konnte: „Der Hexenkreis war für einen Augenblick durchbrochen; ich war besonnen und stürmte durch die Lücke davon in den Wald. Nur mit Müh und Not und lautem Stöhnen bin ich ihnen entronnen. Auf der Erde waren die Hexen nämlich langsam wie Echsen, und in der Luft verfingen sich ihre Besen immer wieder in den Kronen der Bäume. Wütend riefen sie hinter mir her: ‚Jetzt werden wir fortgehen, aber am Georgs- oder Andreastag kommen wir zurück, dann ist es um dich geschehen; wir werden dich in Stein verwandeln, wie wir es vor Jahren mit den Jünglingen in Athen gemacht haben. Sieh sie dir an. Du wirst niemals mehr Ruhe vor uns finden, hihihi…!'"

Pierrot faltete die Händchen, als würde er um Schutz vor den Hexen beten; seine Ohren waren gerötet, er lauschte weiter hingebungsvoll mit offenem Mund und noch offeneren Ohren.

„Wenn es so weit ist, dann kommst du zu uns, und dann verstecken wir dich vor den bösen Hexen", sagte er schluckend und zu Ramon aufblickend. Dieser streichelte ihm übers borstige Haar und erzählte weiter: „Im Gebirge bin ich auf Nymphen, sogenannte Oreaden, gestoßen und auf Berggeister, die Gnome genannt werden. Nachdem ich mich verlaufen hatte, sind Elfen zu mir gekommen und haben mir den rechten Weg gewiesen."

„Heute auch?", wollte der Kleine wissen.

„Nein, ein hell leuchtender Stern kam des Weges und hat mir euer Haus gezeigt."

„Und wo ist er dann hin?"

„In eure Herzen, und da hat er euch gebeten, mich einzulassen."

„Zuerst war er bei mir und hat mir gesagt: Ramon hat schwarze Augen, und er ist kein böser Wolf", ereiferte sich Pierrot.

Ramon legte seine Hand auf Pierrots Schulter und fuhr, nachdem er ihn gelobt hatte, fort: „Schwestern der Elfen, von denen ich eben sprach, sind durch die Lüfte geflogen wie Vögel und haben mich vor Abgründen gewarnt, und weitere Elfenschwestern haben sich auf einen großen See im Blätterwerk von Seerosen geschaukelt wie in Booten und mir gezeigt, an welcher Stelle ich am besten ans andere Ufer schwimmen könnte. Als ich drüben war und mich ins Gras gelegt hatte, um zu verschnaufen, ist am

Nachthimmel plötzlich zwischen Mond und Milchstraße ein Schloss erschienen. Aus hell erleuchteten Fenstern haben Lichtgestalten die Köpfe gesteckt, und die Elfenkönigin – mit blonden Haaren und wehendem, wallendem Gewand – hat mir gewunken. Auch Frau Holle war dabei und wollte ihr Bett mit weißen Daunen ausschütteln, die hier unten bei uns Menschen als Schneeflocken auf die Erde fallen. Aber ihre Freundinnen wollten sie nicht durchlassen. ‚Es ist Sommer', riefen sie, trotzdem ist es der Frau Holle in ihrem wehenden Kleid gelungen, ans Fenster zu gelangen und ihr Federbett auszuschütteln, und daher geschieht es, dass es manchmal sogar im Sommer schneit …"

Ihr Kopftuch zurechtrückend, fragte die Bäuerin mit einem Seitenblick auf ihren Enkel: „Und was hast du vorher erlebt, ich meine, in deiner Heimat?"

„Da habe ich mit Nereiden gesprochen, die im Meer leben und mit Delphinen spielen. Aber vor Haien haben sie Reißaus genommen – wie ich. In klaren Wassern von Quellen und Bächen sah ich Karpfen und Forellen um die Wette planschen, und im tiefen Wald habe ich Dryaden beobachtet, welche die Stämme der Bäume hinauf und hinunter huschten und von Ast zu Ast hüpften. Mit Eichhörnchen haben sie Nachlaufen gespielt und unterhielten sich miteinander in der Sprache der Vögel …"

Ramon fürchtete um Pierrots Schlaf und wollte die Erwachsenen nicht langweilen, daher beschloss er, zum Schluss zu kommen. Zwinkernd fragte er in die Runde: „Kennt ihr Erdgeister, die Hollen und Luchten heißen und Hausgeister namens Kobolde?"

Da seine verblüfften Zuhörer schwiegen, sprach er weiter: „Kobolde bestrafen kleine Kinder, wenn sie unartig sind und nicht ins Bett wollen; sind sie aber brav, dann schenken sie ihnen Spielzeug und helfen ihnen, wenn sie größer geworden sind, beim Lernen.“ Sophie untermalte ihre Arbeit mit einem Seufzer und dachte: „So einen Kobold könnte ich auch gut gebrauchen, mein Rücken schmerzt vom langen Stehen“; Jeanne, die sich freute, weil Ramon ein Herz für Kinder hatte, sah ihn mit geröteten Wangen und leuchtenden Augen an, und die Bäuerin antwortete: „Die einzigen Kobolde, die es bei uns gibt, sind unsere beiden Racker“, und sie deutete auf Pierrot und den Säugling, der inzwischen eingeschlafen war und zufrieden schnaufend von Engeln träumte. „Aber in Colonia, einer großen Stadt am Rhein, soll es noch solche Wichtelmänner geben, wie uns ein Wanderbursche erzählt hat. Sie heißen Heinzelmännchen und verrichten in Notzeiten die gesamte Hausarbeit.“

Die letzte Bemerkung der Bäuerin entlockte der immer noch am Bügelbrett wirkenden Sophie einen weiteren Seufzer, der ihre Schwiegermutter veranlasste, ihre Jüngste zu mahnen: „Jeanne, hilf deiner Schwägerin, siehst du nicht, wie sie sich plagt?“

Jeanne ließ sich nicht zweimal bitten. Sie nahm Ramons inzwischen leidlich getrocknete Wäsche vom Stuhl, nur das Wolfsfell glänzte noch vor Nässe, und Schwägerin Sophie ablösend, begann sie ihrerseits zu plätten. Sophie, die sich auf einen Schemel setzte, sah Jeanne dankbar an, doch diese merkte nichts davon, sie hatte weiterhin nur Augen für Ramon.

„Da ihr soeben vom Rhein sprecht“, ließ sich ätzend und die schmerzenden Hände knetend Pierrots Urgroßvater vernehmen, „da lebt eine Sirene auf einem Felsen, der direkt in den Fluss ragt. Sie heißt Loreley, ist nur mit einem Schleier bekleidet, und wenn ein Schiff um den Felsen biegt, setzt sie sich aufreizend und mit aufgelöstem Haar hin, spielt Harfe und singt dazu mit betörender Stimme. Wenn die Schiffsleute zu ihr hochschauen, sind sie verzaubert, zumal die Loreley auch ihre Beine zeigt, und schwups gerät das Schiff in einen Strudel, wird in die Tiefe gezogen und zerschellt am Felsen.“

Der Alte, noch in verzückten Gedanken an die Loreley mit der Zunge schnalzend, wurde durch einen erneuten Rippenstoß seiner Frau zur Ordnung gerufen. An ihrem Schal zupfend und den Rauch verjagend, der seiner Pfeife entstieg, sagte sie: „Das geschieht den Schiffern recht, sie sollten ihre Augen besser auf die Fahrrinne lenken als auf Loreleys Laufgestell.“ Nach einer kurzen Pause setzte sie hinzu: „Eine Schande, dass Männer immer nur das eine im Kopf haben!“

„Was denn?“, fragte Pierrot, und seine Großmutter antwortete: „Das erlebst du früh genug an dir selbst!“

Mit einem Blick auf ihre beiden Kinder und ihren runden Bauch ließ Sophie ein leidvolles „Ja, ja“ hören. Jeanne, mit einem scheuen Seitenblick auf Ramon, der ihr keine Aufmerksamkeit schenkte, da er wieder dem Kleinen, von den seltsamen Erzählungen immer noch erhitzten Pierrot den Nacken streichelte, sagte, während auch sie sich auf das bezog, was Männer angeblich immer im Kopfe hätten: „Na und? Das Leben ist bunt, und oft geht es rund“, und die Bäuerin, an den meist von harter Feldarbeit ausgelaugten und abends müden Bauern denkend, meinte: „Es gibt Ausnahmen“, und auch sie seufzte, wehmütig vergangenen Zeiten nachtrauernd, als der Bauer sie mit seinen klobigen und dennoch sanften Händen und Lenden allnächtlich verwöhnt hatte.

Ramon sah, dass Jeanne mit ihrer Arbeit fertig war und versonnen seine Wäsche mit der Hand glatt strich, wie um die Arbeit des Eisens zu vervollkommnen oder die Wäsche zu streicheln. Er beugte sich zu Pierrot herab und flüsterte ihm etwas ins Ohr. Sogleich sprang der Kleine auf, lief auf seine Tante zu, entriss ihr die Wäschestücke und brachte sie Ramon. Aufstehen, herumwirbeln, das Tuch, welches seine Blöße bedeckt hatte, fallen lassen und in die Unterkleider steigen, war für Ramon ein Aufwaschen. Jeanne kicherte, die Bäuerin räkelte sich schmunzelnd, und die Alten gähnten, während Sophie auf ihrem Schemel eingeschlafen war und zuckte, weil das Kind in der Wiege zu quengeln begann.

„Unser Gast ist müde, wir sollten ihn nicht länger mit unserer Neugier quälen, und Pierrot sollte längst in den Federn liegen“, nörgelte die Bäuerin.

„Erzähl noch weiter!“, bettelte der Kleine, den wieder sitzenden und sich gescholten fühlenden Ramon an den Haaren ziehend, die inzwischen trocken waren und sich über seine Schultern ringelten.

„Morgen machen wir weiter“, wurde Pierrot von Ramon vertröstet.

„Nur noch eine Geschichte!“, forderte Pierrot nachdrücklich. Die Gastgeber ansehend und Unentschlossenheit in ihren Gesichtern lesend, gab Ramon dem Jungen nach.

„Gut, aber wirklich nur noch eine Geschichte, und dann ab mit dir, ohne Widerworte!“

Ramon wirkte eher komisch als energisch, Kindern gegenüber konnte er sich nicht durchsetzen, und Jeanne, die das merkte, kicherte ein weiteres Mal.

„Oh ja!“, freute sich Pierrot und klatschte in die Hände, während Sophie, von dem Alten beobachtet, ihre Brust vom Mieder befreite, ihr Kindchen aus der Wiege nahm und es stillte.

„Habt ihr von Stierkämpfen gehört?“, forschte Ramon, verlegen in die Runde blickend. „Die sind bei uns in Portugal, mehr noch in Spanien, große Volksbelustigungen.“

„Stierkämpfe kennt man auch im Süden unserer Landes, das ja an Spanien grenzt“, sagte der alte Bauer, unter den strafenden Blicken seiner Frau die Augen von der stillenden Sophie abwendend und die schmerzenden Hände zu Fäusten ballend.

„Wie geht das, können wir das spielen?“, wollte Pierrot wissen. „Das ist kein Spiel, das ist … Ernst“, antwortete Ramon, das Beiwort blutiger, das er dem Wort Ernst hatte voransetzen wollen, verschluckte er, um den fantasievollen Jungen nicht zu erschrecken. „Aber trotzdem mache ich es vor“, setzte er hinzu. „Ich bin ein Stier, wer will der Matador sein?“, fragte Ramon.

„Ich! Ich!“, rief Pierrot, ohne zu wissen, was es bedeutete, ein Matador zu sein. Vergnügt klatschte er in die Hände, aber seine Mutter sah besorgt drein, weil er sich so erregte.

Ramon reichte ihm das Tuch, mit dem er sich abgetrocknet hatte und das jetzt an der Herdstange zum Trocknen hing, und zeigte ihm, was er tun sollte. Er selbst duckte sich, presste die Fäuste gegen die Schläfen, streckte die Zeigefinger aus wie Hörner, rannte auf das Tuch zu, das Pierrot nach seiner Anweisung wie eine Capa schwenkte, und rannte unter dem Tuch hindurch. Dann wendete er und wiederholte mehrfach die Übung.

Als wäre Ramon tatsächlich ein Stier und als gelte es, ihn herauszufordern, rief Pierrot, von Ramon animiert, ein ums andere Mal: „He toro, he toro!“ Und jedes Mal, wenn Ramon das Tuch mit seiner Stirn streifte, jauchzte Pierrot, und die anderen riefen, um ihm eine Freude zumachen: „Olé! Olé!“ Sogar die Urgroßmutter, anfangs nörgelnd und jetzt den Schal fester um die Schultern windend, da der Herd heruntergebrannt war und es kühl zu werden begann, machte mit, und auch der inzwischen von Sophie trockengelegte Säugling fiel in den Chor ein, wenn auch mit anderen Tönen. Er war der einzige, der dem Spiel zu später Stunde keinen Geschmack abgewann.

Sophie und die Bäuerin hatten Mühe, Pierrot ins Bett zu bugsieren, am liebsten wäre er keinen Zentimeter von Ramons Seite gewichen, und nur weil Ramon versprach, am nächsten Tag noch mehr Abenteuer von seiner Reise zum Besten zu geben und mit ihm zu spielen, ließ er sich abführen.

10. Kapitel

Eine Nacht in der Scheune

Die Bäuerin bereitete Ramon auf dem Dachboden ein Nachtlager, das sie mit duftendem Heu auslegte. Dann verließ sie, eine Laterne in der Hand schwenkend, die Scheune, und es wurde finster. Sobald Ramon sich an die Dunkelheit gewöhnt hatte, sah er einen matten Lichtsein, der durch eine Dachluke in die Tenne drang, und als er sich zu entspannen begann, hörte er Regentropfen gleichmäßig auf das Dach klopfen. „Das ist die richtige Musik zum Einschlafen“, dachte er, sehnsüchtig Prinzessin Sveas gedenkend. Doch während er, von den Anstrengungen des ereignisreichen Tages ermattet, hinüberschweben wollte ins Land der Träume, schien sein Schutzengel den Kopf durch das Dachfenster zu stecken. Aber als Ramon ein Rascheln vernahm, zuckte er zusammen. „Ist das etwa eine Maus oder sogar eine Ratte?“, dachte er, dann sah er einen Schatten neben sich über das Heu huschen. Eine Fledermaus konnte es auch nicht sein, der Schatten war zu lang.

Zwischen Nachdenken und Träumen rieb Ramon sich die Augen; die Gestalten aus seinen für Pierrot ersonnenen Erzählungen und die Sehnsucht nach einem weichen Bett mischten sich mit den Gegebenheiten. War das etwa der Schatten des Engels, den er eben am Fenster wahrgenommen zu haben meinte?

„Erschrick nicht, ich bin es“, flüsterte eine weibliche Stimme, und die zu dieser Stimme gehörende Person ließ sich neben ihm im knisternden Heu nieder.

„Rate, wer ich bin, oder besser noch, fühl mal“, hörte er sie weiter lüstern flüstern. Sie ergriff Ramons Hand und bettete sie auf ihr Herz. Ramon spürte, wie das Herz wild pochte. An ihrer sanften Stimme hatte er längst erkannt, wer sich an ihn schmiegte; er wollte ihr den Spaß nicht verderben, löste seine Hand vom Herzen des Mädchens und strich über ihr zartes Gesicht und ihre langen, blonden seidigen Haare. Mit gekünstelt tiefer Stimme sagte er: „Du bist der alte Vater des Bauern“, und musste sich ernst halten. Die Person kicherte so laut, dass Ramon „pst!“ sagte. „Wie bist du zu mir heraufgekommen, Jeanne?“, fragte er, das Versteckspiel beendend.

„Wie es sich für eine Hexe gehört, bin ich auf einem Besenstiel durch die Luft geritten, hihi hihi!“

Jeanne warf sich auf Ramon. Ihr Gesicht war jetzt unmittelbar über seinem, und er spürte ihren warmen, angenehmen Atem, als sie weiterflüsterte: „Wir haben heut Walpurgisnacht, und ich werde dich in Stein verwandeln, wie ich es vorhergesagt habe, du entkommst mir nicht!“

Zitternd umschlang sie Ramon mit beiden Armen und wollte ihn auf den Mund küssen. In der Dunkelheit verfehlte sie ihn jedoch und verirrte sich in seinem Schnurrbart. Ramon entzog sich ihr behutsam und rollte unter ihr auf die Seite.

„Du magst mich nicht.“ Jeanne hatte diese Befürchtung traurig, aber so leise geäußert, als sei sie nur für sie selbst bestimmt.

„Doch, ich mag dich“, widersprach Ramon.

„Du hast eine Freundin und die ist da drin“, vermutete Jeanne und tastete nach der Kette, an der das Medaillon hing.

Um Jeanne nicht wehzutun, antwortete Ramon nicht gleich. Dann versuchte er, die verzwickte Lage durch einen Scherz zu entkrampfen: „Das Medaillon enthält kein Mädchen, sondern nur ein Bild.“

„Ist das Mädchen hübsch?“

„Ja“

„Hübscher als ich?“

„Nein, sie ist nur anders, und ich habe sie sehr lieb.“

„Lieber als mich?“

„Auf andere Weise.“

„Wenn es sie nicht gäbe, könntest du mich dann lieb haben?“

„Das kann ich mir gut vorstellen.“

„Schade, dass du mich nicht als Freundin willst.“

„Ich möchte dich als Freundin – so wie man mit einer Schwester befreundet ist. Ich möchte gern dein Bruder sein.“

„Ich habe schon zwei Brüder, Marcel und Fabien“, sagte Jeanne kläglich.

„Na und? Was spricht gegen einen dritten Bruder? Mach es mir nicht so schwer; du hast nicht Brüder genug.“ Nach einer Atempause fügte er leise hinzu: „Vor langer Zeit hatte ich eine Schwester. Aber das ist eine andere Geschichte.“

Ein wenig enttäuscht, trotzdem versöhnt, kuschelte sich Jeanne an Ramons Seite, dieser schob den Arm unter ihren Kopf; bald waren sie eingeschlafen, und ihre gleichmäßigen Atemzüge mischten sich mit dem Prasseln des wieder stärker einsetzenden Regens und dem Zirpen einer Grille.

Als der Morgen dämmerte, machte sich Jeanne davon. „Ich muss runter“, verabschiedete sie sich, mit der Hand zärtlich Ramon durchs Haar fahrend, „sonst denkt Mutter noch, wer weiß was“, und Ramon nickte schlaftrunken, mit einem Auge die Spinnweben wahrnehmend, von denen die Sparren des Daches überzogen waren.

Als Ramon sich einige Zeit später aus dem Heu schälte und die an seinen Kleidern klebenden Halme wegzupfte, vermisste er die Leiter, auf der er, auf dem gleichen Weg, den auch Jeanne genommen hatte, nach oben auf die Bühne geklettert war. „Das kleine Luder“, schimpfte Ramon lachend, denn er sah die Leiter unten auf dem Boden liegen. Abgerutscht war sie nicht, das hätte er gehört. Jeanne hatte sie wahrscheinlich fortgenommen, um ihn zu foppen oder in Verlegenheit zu bringen. „Du erwartest wohl, dass ich um Hilfe rufe“, warf er ihr in Gedanken vor und begann, an den Holzstrebungen, von denen die Bühne gestützt wurde, hinabzuklettern.

Den Kopf aus dem in den Angeln quietschenden Tor steckend, sah er, dass es immer noch regnete, heftiger, als er vermutet hatte. Auf dem Hof hatte sich ein kleiner See gebildet. Unter dem Schutz der Dachrinne schlängelte Ramon sich an der Scheune entlang, huschte, sich das Hemd über den Kopf ziehend, über den Hof und sprang, über eine breite Lache setzend, an die Schwelle der Tür zur Wohnstube. Pierrot, der ihn durchs Fenster beobachtet hatte und schon auf ihn wartete, öffnete.

„Da bist du ja endlich, Ramon“, empfing er ihn vorwurfsvoll, weil Ramon nach seinem Dafürhalten zu lange geschlafen hatte.

„Lass Ramon zufrieden, er hat eine lange Wanderschaft hinter sich und noch viel vor, er braucht Ruhe!“, wies die Bäuerin ihren Enkel zurecht. Neben ihr stehend, vermied Jeanne es, Ramon anzusehen.

„Ich fühle mich wieder frisch und möchte bald aufbrechen.“

Pierrot machte traurige Augen.

„Zum Frühstücken wird die Zeit noch reichen“, versuchte die Bäuerin lächelnd, ihn aufzuhalten und deutete auf den reich gedeckten Tisch.

„Aber ja, vielen Dank, so eilig hab ich's natürlich nicht“, sagte Ramon verlegen und lächelte seinerseits, um seine Unhöflichkeit wiedergutzumachen. An den Herd tretend, betastete er das über dem Stuhl hängende Wolfsfell, das immer noch feucht war und besonders übel ausdünstete.

„In dem Wetter kannst du unmöglich aus dem Haus“, sagte Sophie, die zum ersten Mal Ramon persönlich ansprach, was diesen mit Freude erfüllte.

„Du wolltest mir noch etwas erzählen und mit mir spielen“, nahm Pierrot die Worte seiner Mutter dankbar zum Anlass, auf seine Wünsche aufmerksam zu machen.

„Wenn es hier regnet, dann richtig, nicht von ungefähr steht der Wald in dieser Gegend so dicht“, ließ der alte Bauer sich vernehmen, sichtlich aufgeblüht unter der

Anwesenheit Ramons, der das tägliche Einerlei, unter dem Pierrots Urgroßeltern vorzeitig gealtert waren, belebte.

Eine warme Woge schwappte über Ramon, nicht nur, weil der Ofen glühte, und sogar die alte Bäuerin, die sich meist nur durch Gesten bemerkbar machte und indem sie ihren Mann maßregelte, schaltete sich mit einem ungewollten Reim ein: „Dein Eifer in allen Ehren, mein Junge, aber der König kann seinen Goldschmied sicher noch ein Weilchen entbehren."

„Falls er ihn in diesem Sommer benötigt", ergänzte der alte Bauer, sich auf die Armut von König Sandanger beziehend. Jeanne schwieg und senkte den Kopf, aber ihr Herz klopfte schneller, da die gesamte Familie sich bemühte, Ramon zum Verweilen zu bewegen.

Diese versteckten Einladungen waren Ramon peinlich, deshalb ging er zunächst nicht auf sie ein. Die anderen hatten schon gefrühstückt, also setzte er sich allein zu Tisch und ließ sich Brot, Butter, Marmelade, Schinken, Wurst, Käse und den Tee munden, der ihn sogleich erhitzte. Während er aß, störte ihn der Geruch des Wolfsfell umso mehr, und er sagte Nase rümpfend: „Der Wolfspelz verpestet die schöne Land- und Waldluft, trotz der Leckereien vergeht mir fast der Appetit, und auch für euch muss es eine Zumutung sein."

„Wir sollten den Pelz auf den Flur verbannen, auch wenn es länger dauert, bis er trocken ist; und wenn es aufgehört hat zu regnen, hängen wir ihn in den Hof", sagte Sophie, strich die Schürze glatt, die sich über ihrem runden Bauch gerafft hatte, und Jeanne warf der Schwägerin einen dankbaren Blick zu.

„Wir wollten dir einen Vorschlag machen“, begann, an ihrem Kopftuch zupfend, die Bäuerin zu sprechen, die einige Zeit nichts mehr gesagt hatte und Gemüse putzte. „Du weißt ja, dass sich unsere Männer an der Küste aufhalten, sie werden erst in ein paar Tagen zurück sein. Wir haben zwar noch einen Mann im Haus, aber du siehst ja selbst …“

Die Bäuerin hatte die Stimme gesenkt und deutete auf ihren alten Schwiegervater, der trotz der frühen Morgenstunde auf seinem Stuhl eingenickt war und die Wangen hängen ließ. „Räuber treiben zwar in dieser Gegend nicht ihr Unwesen“, fuhr sie lauter fort, „aber in letzter Zeit treiben sich manchmal Gendarmen hier herum und schnüffeln, ob das Wolfsgesetz befolgt wird …“

Wie um sein Missfallen über das Tun des Gendarmen auszudrücken, fing der Säugling an zu plärren. „Die Gendarmen sind oft schlimmer als Räuber“, fuhr der alte Bauer dazwischen, der dösend den Worten seiner Schwiegertochter gefolgt war. Seine Frau, ebenfalls durch den Säugling aufgewacht und ihren Schal lockernd, nickte. „Das ist heute nicht anders als früher, eher schlimmer“, unterstützte sie ihren Mann, was selten geschah.

„Kurz und gut, wir bitten dich, so lange zu bleiben, bis unsere Männer zurück sind. Wir fühlen uns dann sicherer, und auch dir tut eine Pause gut.“

Die Bäuerin wies auf die Hautabschürfungen an Ramons braunen Beinen, auf seine blauen Flecken und auf die Schramme auf der Hand hin, die er sich bei der Flucht durch das Fenster der Polizeistation zugezogen hatte. Jeannes liebevoller Blick sagte: „Ich würde dich gerne pflegen“, und Pierrots Herz hüpfte, als er rief: „Oh ja, bleib bei uns!“

Von so viel Liebenswürdigkeit und Fürsorge überwältigt, nahm Ramon die Einladung an, obwohl es ihn drängte, zum Palast des Königs zu kommen. Immer noch nagten Selbstvorwürfe an seinem Herzen, weil er tags zuvor kleinmütig gewesen war.

Alle Vorsicht vergessend, die bei diesen braven Leuten auch nicht angebracht gewesen wäre, erzählte er von den Ereignissen auf dem Markt und von dem Zusammenstoß mit den Gendarmen. Als die Rede auf das kleine Mädchen kam, das für ihn Partei ergriffen hatte, brach Pierrot in Hochrufe aus und verlangte, das Mädchen müsse ihm sogleich vorgeführt werden, er wolle es zur Freundin haben und später heiraten. Er wusste nicht genau, ob sich alles tatsächlich so zugetragen hatte, wie Ramon erzählte, oder ob das eine Geschichte war, eigens auf ihn, Pierrot, zugeschnitten.

„Jetzt wissen wir auch endlich, warum du noch Kleider unter dem Wolfsfell trägst“, schwindelte der alte Bauer, „das tun wir nämlich nicht mehr“, und grinsend lüftete er das Wolfsfell von Jeanne, die soeben neben ihm stand und den Tisch scheuerte, sodass ihre nackten runden Knie hervorlugten.

„Schäm dich, Großvater!“, rief Jeanne in heller Empörung und schlug ihm auf die durch Gicht oder Rheuma verunstaltete Hand, dass es klatschte, und ihre langen

Haare flogen, als hätte der Wind hineingegriffen. Die alte Bäuerin fauchte wie eine Katze, und ihre Augen sprühten Feuer. „Alter Lustgreis!“, zischte sie, woraufhin Pierrot, der es aufgeschnappt hatte, naiv fragte: „Was ist ein Lustgreis?“ Schlagfertig schaltete Ramon sich ein: „Lustgreis wird ein älterer Mann genannt, dessen Haare grau sind und der Lust verspürt, Späße für kleine Kinder zu machen.“

Die Bäuerin überspielte die besonders für sie peinliche Lage endgültig: „Wegen der Gendarmen brauchst du dich nicht zu beunruhigen. Wenn sie nach dir fragen, verleugnen wir dich, und wenn sie nach dir suchen, verstecken wir dich.“

„Toll!“, freute sich, außer Rand und Band geratend, Pierrot, der sein bisher größtes Abenteuer erlebte und es weidlich auskostete. „Wir spielen Verstecken, aber ich verrate zum Verrecken nicht, wo Jeanne und Ramon stecken!“ Also schien er mehr mitbekommen zu haben, als die Erwachsenen ihm zugetraut hatten.

Nach dem Frühstück machte Ramon sich in einem Schuppen mit Holzhacken nützlich und setzte Sophies Hochzeitsgeschenk instand, eine Bernsteinkette, deren Verschluss abgerissen war. Der wissensdurstige Pierrot kannte die Kette nicht und ließ sich von seinem Urgroßvater erklären, was es mit dem honiggelben Bernstein für eine Bewandtnis hatte. „Der mit Netzen aus der Ostsee gefischte Bernstein hat sich aus dem Harz von Nadelbäumen entwickelt, und die darin eingeschlossenen Kleintiere waren einst quicklebendige Insekten.“ Auch jetzt glänzte Pierrot mit eine Randbemerkung: „Ich werde nie etwas tun, weshalb ich eingesperrt werden könnte." Sein Urgroßvater dachte: „Ich kenne Leute, die unschuldig eingesperrt wurden", verkniff sich aber eine Bemerkung; wegen der Wissbegier seines Urenkels hätte er eine Endlosdiskussion in Gang gesetzt …

So verging der Tag mit Arbeiten und Erzählen, und die Familie der Gastgeber wurde nicht müde, Ramon nach Sitten und Gebräuchen seiner Heimat zu befragen. Der alte Bauer wollte wissen, wovon Ramons Landsleute lebten.

„Wir bauen Weizen, Gerste, Mais, Zuckerrohr und Rüben an, pflücken Oliven, Mandeln und Nüsse, ernten Orangen und Zitronen – und machen Wein", verriet Ramon und leckte sich in Erinnerung an einen guten Tropfen die Lippen. Mit einem Zwinkern und einem überleitenden Blick auf Pierrot setzte er hinzu: „In manchen Gegenden bei uns wachsen sogar Mädchen auf den Bäumen. Bevor du sie pflückst, musst du sie heiraten, sonst kommen dir ihre Brüder auf den Hals."

Ungläubig und mit roten Ohren sah Pierrot von einem zum anderen, konnte aber aus den Mienen nicht herauslesen, ob Ramon die Wahrheit gesagt hatte oder flunkerte, zumal alle lachten. Bis ihm Sophie verriet, dass es eine Redensart war.

Auf die Frage, welche Tiere sich spanische und portugiesische Bauern hielten, antwortete Ramon: „Wie die hiesigen – auf Koppeln Rinder und Pferde – und als Haustiere Hühner, Enten und Gänse – dazu Hunde sowie Katzen und Mäuse."

„Hast du unterwegs auf den Weiden auch Schafe und Ziegen gesehen?“ Diese Frage kam von Pierrot, und er erhielt von Ramon Bescheid: „In der entsprechenden Jahreszeit sogar Osterzicklein und Osterlämmer.“ Da fragte Pierrot: „Hast du schon mal eins gestreichelt? Nichts ist so weich wie das Fell von einem Lämmlein klein.“ Was Ramon zum Anlass nahm, einen Vergleich zu ziehen: „Welch ein Unterschied zu den stinkenden Wolfsfellen!“

Er sah, dass Bäuerin und Schwiegermutter einen bedeutsamen Blick miteinander wechselten, dachte aber, die Anspielung klänge zu herausfordernd, besonders im Hinblick auf den feinfühligen Jungen, und so leitete er auf ein anderes Thema über …

Abends wurde Ramon die Schlafkammer von Fabien hergerichtet, eine Ehre, deren er sich nicht wert fühlte und die er sich erst

gefallen ließ, nachdem die ganze Familie ihm zugeredet hatte.

11. Kapitel

Zwischenspiel mit Ramon und Pierrot

Unmittelbar bevor Pierrot zu Bett gebracht wurde, begegnete er Ramon auf dem Flur, und es spielte sich zwischen den beiden folgende Unterhaltung ab:
Pierrot: „Was du weißt und erlebt hast, ist unheimlich spannend. Aber das, was du für dich behältst, also deine Geheimnisse sind vielleicht noch spannender.“

Ramon: „Wie meinst du das?“

Pierrot: „Die Oma hat gesagt, alle Menschen schleppen Geheimnisse mit sich herum wie zentnerschwere Lasten – oder sie halten damit hinter dem Berg – sogar wir Kinder.“ Während er den nächsten Satz von sich gab, grinste er: „Aber bei uns in der Bretagne gibt es keine Berge – sondern nur Sanddünen an der See.“ Dann gab er sich geheimnisvoll: „Auch du schleppst ein Geheimnis mit dir herum, und ich sehe es sogar.“

Erstaunt über Pierrots scheinbare Wandlung vom garçon petit zum aufmerksamen Jungen, fragte
Ramon: „Wie bitte?“
Pierrot: „Du trägst es um den Hals, und es steckt in der kleinen Kapsel.“ Er wies auf das Medaillon mit Prinzessin Sveas Abbild, das Ramon Tag und Nacht an einer kleinen Halskette trug.

Ramon nickte. „Du hast das toll beobachtet, und es stimmt, aber ich verrate kein Sterbenswort. Sonst wäre es kein Geheimnis mehr.“

Pierrot: „Richtig. Man darf Geheimnisse niemals ausplaudern – nicht mal dem besten Freund und der besten Freundin.“

Ramon nickte und legte Pierrot lächelnd die Hand auf die Schulter.

Pierrot flüsterte, als sei ein Lauschhörnchen in der Nähe: „Manchmal schwindele ich sogar, um ein Geheimnis zu behalten. Auch wir haben ein Geheimnis – ich meine ein Familiengeheimnis – und das ist da drinnen versteckt.“ Er deutete auf eine Tür.

Ramon: „Dann ist die Kammer dahinter wohl verschlossen.“

Pierrot: „Ja – immer.“

Ramon: „Aber du kennst das Geheimnis?“

Pierrot zögerte: „Nein …, aber wenn ich es herausfinde, behalte ich es für mich. Das schwöre ich bei deinem Schnauzbart. Dreimal schwarzer Kater!“ Er vollführte mit drei Fingern das heilige Eideszeichen für Kinder. Dann stellte er wie ein kleiner Komödiant ein wichtiges Gesicht zur Schau und lenkte ab: „Ich kenne ein Märchen. Vielleicht ist es sogar eine Geschichte. In der geht es auch um ein großes Geheimnis. Magst du es hören?“

Ramon: „Gerne, ich bin ganz Ohr.“ Er zog Pierrot leicht am Ohrläppchen, und der Junge begann.

Pierrot: „Es war einmal ein edler – nein, ein alter Ritter. Der hatte nacheinander mehrere Frauen. Aber die hielten es bei ihm nicht aus und rannten aus dem Haus.“

Ramon: „Und warum?“

Pierrot: „Er war ihnen unheimlich. Vielleicht wegen seinem blauen Bart und seinem düsteren Blick.“

Ramon dachte kurz nach, konnte sich nicht beherrschen, und so sprudelte es aus ihm, dem geborenen Erzähler, heraus wie ein Wasserfall aus einem Berg: „Ich kenne die Geschichte vom Ritter Blaubart …“
Im Begriff, die Geschichte zum Besten zu geben, bemerkte Ramon Pierrots enttäuschten Blick. In seinem ausgeprägten Mitteilungsbedürfnis war Ramon dabei, dem Jungen die Geschichte aus dem Mund zu nehmen; daraufhin ruderte Ramon zurück und ließ sich einen Trick einfallen, um sie dem Jungen wieder zu überlassen. Und so schwindelte er: „Ich habe viele Interessen und vergessen, wie die Geschichte mit Ritter Blaubart weitergeht. Hoffentlich weißt du sie noch.“
Pierrot war sofort wieder obenauf: „Klar wie Kloßbrühe. Es ist meine Lieblingsgeschichte. Ich kenne sie in- und

auswendig. Trotzdem oder deswegen kann ich sie nicht oft genug hören und erzählen."

Ramon: „Dann los! Ich bin gespannt wie ein Bogen, der einen Pfeil abschießen will – oder wie die Saite einer Harfe, die gezupft werden möchte."

Pierrot kicherte und erzählte weiter: „Also – schon bald fühlte Ritter Blaubart sich so einsam, dass er wieder eine Frau suchte. Aber woher nehmen und nicht stehlen? Wegen seiner Sturheit fiel es ihm nämlich schwer, eine für sich zu gewinnen, obwohl er steinreich war. Doch nach langem Hin und Her fand er eine junge Frau, die bei ihm blieb …"

Ramon: „Ich glaube, jetzt wird es richtig spannend."

Pierrot: „Und wie! Eines Tages ging auch er aus dem Haus. Ich meine, er verließ das Schloss – angeblich, um eine lange Reise anzutreten. Bevor er losfuhr, reichte er seiner neuen Frau einen riesigen Schlüsselbund und erlaubte ihr, sämtliche Säle und sonstigen Räume zu benutzen – mit Ausnahme einer geheimen Kammer, die sie niemals öffnen dürfe. Sie versprach ihrem Mann hoch und heilig, sein Gebot einzuhalten, platzte aber vor Neugier …"
Ramon füllte die Kunstpause, die Pierrot mit einem tiefen Seufzer einlegte, indem er einen Scherz einstreute: „Ritter Blaubarts Gattin platzte vermutlich nicht nur vor Neugier, sie platzte wohl auch in die verbotene Kammer."

Pierrot nickte heftig und fuhr hektisch mit seiner Erzählung fort: „Als Frau Blaubart die Kammer aufschloss und hineinging, wäre sie vor Schreck fast umgefallen. Dort lagen alle Frauen, die angeblich das Schloss verlassen hatten – und waren mausetot …“
Ramon: „Oh Gott! Ich erinnere mich. Aber wie ging es weiter?“

Pierrot: „Nachdem der Ritter mit dem blauen Bart und der schwarzen Seele zurückgekehrt war, merkte er sofort, was passiert war. Denn an dem kleinen Schlüssel, der zu der verbotenen Kammer führte, klebte getrocknetes Blut. Nun kochte der Ritter vor Wut. Da er sich von seiner neuen Frau genauso getäuscht fühlte wie von ihren Vorgängerinnen, sollte auch sie sterben. Aber inzwischen waren, Gott sei Dank, ihre Brüder zu Hilfe geeilt, und nun fand Ritter Blaubart selbst sein Ende …“

Nachdem der kleine, zum großen Erzähler avancierte Pierrot mit seiner Version der Geschichte um Ritter Blaubart bis hierhin vorgedrungen war, wurde er von Ramon ausgiebig gelobt, und Ramon wunderte sich ein weiteres Mal darüber, dass viele Kinder in Gegenwart ihrer Eltern und anderer naher Verwandter sich ihr Leben lang kindlich fühlen und entsprechend benehmen und ihre kindliche Pflicht tun oder nicht – doch sobald sie mit Freunden oder Fremden zusammen sind, zeigen sie ihr eigenständiges Gesicht. So erging es Ramon auch mit Pierrot, der innerhalb kürzester Zeit um Jahre reifer schien als bisher.

Außerdem hatte er die Geschichte zügig und mit erstaunlichem Wortschatz wiedergegeben, vermutlich, weil er sie gut kannte. Jedenfalls sah Ramon den Bauernjungen inzwischen mit anderen Augen und stellte ihn auf die Probe: „Weil die Frauen aus Neugier ungehorsam waren und mit einem verbotenen Schlüssel hantiert hatten, wurden sie von jemandem, der nicht nur ein Ritter war, also ihr Retter hätte sein sollen, getötet – von ihrem eigenen Mann! Was hältst du davon?"

Pierrot überlegte keine Sekunde. Sein Urteil war längst gefällt. Und er erregte sich: „Blaubart war kein Mann und schon gar kein Ritter oder Retter. Der Kerl war ungerecht, sogar schlecht und ein Schwein. Entschuldige, ich meine hundsgemein!"

Da klopfte Ramon noch heftiger auf den Busch, damit Pierrot noch mehr aus sich herausging. „Ich kenne eine christliche Legende. In der hieß es, eine Frau und ein Mann hätten im Paradies von einem Baum verbotene Früchte gepflückt und gegessen. Deswegen wurden sie vertrieben, verloren das ewige Leben und mussten sterben. Kennst auch du die Legende, und schreit das Urteil über die beiden harmlosen Sünder, die wie Kinder waren, nicht zum Himmel?"

Pierrot überlegte kurz, zog die Stirn in Falten und antwortete: „Du meinst die ersten Menschen, Adam und Eva. Sie wurden vom lieben, aber oft auch sehr strengen Gott aus dem Garten Eden verstoßen, weil sie einen kleinen Apfel stibitzt und vernascht hatten. Du hast Recht, man könnte die beiden Geschichten oder Märchen miteinander vergleichen – oder wie die Oma sagen würde, wenn sie ihre langen Haare bürstet: über einen Kamm scheren. Ich muss darüber nachdenken.“ Dann setzte er spitzbübisch und nebulös hinzu: „Ich verrate immer noch nichts. Aber wir verstecken in unserer Kammer kein dunkles Geheimnis, sondern ein Rätsel, und es strahlt wie ein junger Morgen.“

Schließlich schmiegte er sich an Ramon und sagte wie zu einem Kumpan: „Gut, dass du das stinkende Wolfsfell ausgezogen hast. Adieu bis morgen, bonne nuit, mon ami, und träum’ was Schönes.“ Dann verschwand er in seiner Kammer und Ramon in der Kammer von Fabien, die für ihn hergerichtet worden war …

Da Ramon wegen einer Erkältung, ein unliebsames Mitbringsel aus dem Wald, nicht einschlafen konnte, hatte er Muße, sich über die Tragweite der Gastfreundschaft der Bauersleute klar zu werden. Keiner hatte eine hämische Bemerkung über seine Hautfarbe und Herkunft gemacht. Von unliebsamen Vorbehalten, denen er oft während der Wanderschaft begegnet war, ob in Süd oder West, waren die bretonischen Bauern frei. In den größeren Ortschaften wurde er argwöhnisch gemustert wie ein schwarzes Schaf unter weißen.

Jeanne, deren Zimmer an das seine grenzte, hörte, dass Ramon sich unruhig und hustend auf seinem Lager hin und her wälzte – für sie ein willkommener Anlass, sich um ihn zu kümmern. Sie versorgte ihn mit einer großen Kanne heißem Salbeitee, um das Fieber, das sich eingestellt hatte, niederzudrücken, und auf seinem Bettrand sitzend und seine feuchte, heiße Hand haltend, plauderte sie mit ihm beim matten Kerzenschein unbefangen wie mit einem Bruder. Ramon entdeckte sogar Ähnlichkeiten zwischen sich und Jeanne.

„Du hast Recht, bis auf den Schnurrbart und noch einige Kleinigkeiten", sagte Jeanne vergnügt, warf sich in die Brust, und ihre Augen lachten.

12. Kapitel

Ramon entdeckt eine verhängnisvolle Wandverkleidung

Nachdem Jeanne gegen Mitternacht auf ihr Zimmer gegangen war und Ramon die müden, geröteten Lider geschlossen hatte, schlief er übermüdet sofort ein. Etwa nach zwei Stunden wurde er wach. Nach dem reichlichen Genuss von Gesundheitstee spürte er starken Druck im Unterleib und ging auf den Hof, um sich in einem Verschlag zu erleichtern.

Als er in das fremde, verwinkelte Haus zurückkam, verlor er die Orientierung, zumal das Fieber ihn verwirrte. Schließlich verfehlte er Fabiens Kammer und landete in einer anderen. Trotz der Dunkelheit ertastete er eine gepolsterte Liege, auf der er erschöpft niedersank. Dann breitete er eine Decke über sich und schlief sofort wieder ein, wurde aber von fiebrigen Alpträumen gepeinigt.

Von Gendarmen verfolgt, die sich unversehens in Wölfe verwandelten, kämpfte er sich durch eine Wildnis, kam aber nur so mühsam voran, dass die Verfolger ihm auf den Wolfspelz rückten. Plötzlich entfernten sich die Bäume voneinander, als wären sie lebendig, und gleißende Helligkeit blendete ihn.

Auf einer Lichtung betrat er eine weiße Winterlandschaft, gleichwohl blieb ihm siedendheiß. Ein Schneefeld glitzerte, wie von tausend Rubinen, Smaragden und Aquamarinen geschmückt. Da merkte er, dass er nicht mehr schlief, sondern die Augen geöffnet hatte, aber das

Bild des glitzernden Schneefeldes wich nicht. Er strich über seine Augenlider, wischte über seine schweißnasse Stirn, richtete sich torkelnd auf und stolperte an ein Fenster. Und siehe da: Neben dem Fenster an der Wand hing ein schneeweißes Lammfell. Regentropfen hatten sich in dem Fell verfangen und glitzerten im schräg durch das offene Fenster einfallenden Licht der Morgensonne wie Diamanten in allen Regenbogenfarben. Schlaftrunken und immer noch fiebererhitzt barg Ramon sein verschwitztes Gesicht im Lammfell, und die feuchte Kühle erquickte ihn, als habe er sich aus einem sprudelnden Bergquell gelabt. Es war ihm, als hätte er noch nie eine solche Wohltat empfangen, rieb sein heißes Gesicht in dem flauschigen Fell und saugte daran mit trockenen Lippen wie ein Verdurstender.

Schwäche drohte, ihn wieder zu übermannen, trotzdem gelang es ihm, sich auf das Lager zurückzuschleppen, er konnte aber kein Auge von dem Lammfell lassen. Plötzlich hatte er die Eingebung, er hätte sich in jene Kammer verirrt, von der Pierrot behauptet hatte, sie sei immer abgeschlossen, weil sie ein Familiengeheimnis hüte. Möglicherweise durfte niemand mehr im Land ein Stoffgewand geschweige ein Lammfell besitzen und schon gar nicht am Leib tragen.

Um seine liebenswerten Gastgeber nicht in Verlegenheit zu bringen, beseitigte er die Spuren, die er in der geheimnisumwitterten Kammer hinterlassen hatte, verließ sie, und da inzwischen der Morgen endgültig hereingebrochen war, hatte er keine Mühe, in Fabiens Kammer zurückzufinden.

Unmittelbar darauf brachte Jeanne ihm Frühstück. Nachdem er sich bei ihr bedankt und Brot mit Butter, Kirschmarmelade, Schinken, Käse und ein Hühnerei verzehrt und heiße Milch mit Honig getrunken hatte, fühlte er sich gestärkt, aber immer noch so erschöpft, dass er wieder einschlief, und erneut fantasierte er im Traum von dem Schneefeld, das ein Lammfell war, bis er nicht mehr zwischen Realität und Fieberwahn unterscheiden konnte. Später fiel ihm ein, dass die Bauersleute, als die Rede auf die Schafzucht gekommen war, einander bedeutsam angesehen hatten, und jetzt wusste er endlich warum. Auch, wieso Pierrot von weichen Lammfellen geschwärmt hatte, obwohl Ramon bei den Haustieren keine Schafe gesehen hatte. Also wusste Pierrot von dem Lammfell …

Unter den fürsorglichen Händen seiner Wahlschwester Jeanne war Ramon zwei Tage später wieder auf den Beinen, aber er verhielt sich nachdenklich und schweigsam. Die Bauern führten die Veränderung, die mit ihm vorgegangen war, auf die noch nicht gänzlich überwundene Erkältung zurück. Sie ahnten nicht, dass er zufällig das Lammfell entdeckt hatte und dass es ihm nicht mehr aus dem Kopf ging. In seinen Gedanken verglich er es ständig mit dem Wolfsfell, das er nach einem Gesetz, dessen Sinn ihm unmenschlich schien, unter Androhung der Todesstrafe zu tragen gezwungen war und das er inzwischen wieder angelegt hatte. Es roch zwar nicht mehr so streng wie während der Stunden, als es nass gewesen war, aber es ging ihm noch mehr gegen den Strich als zuvor. Je mehr Abscheu er empfand, umso verhasster wurde es ihm. Schon wenn er daran dachte, sträubten sich seine

Haare in gleichem Maße wie die Haare des struppigen und verfilzten Wolfsfells.

Pierrot war traurig, weil Ramon ihm nichts mehr erzählen wollte. Nur mit Mühe konnte er Ramon zu einem Spiel im Heu auf der Bühne überreden. Soeben balgten sie, als Jeanne in Windeseile die Sprossen der Leiter hinaufflog, als sei der Leibhaftige hinter ihr her.

13. Kapitel

Ein unliebsamer Besuch

„Die Gendarmen!“, fand sie mit knapper Not noch Zeit, atemlos zu flüstern, da öffnete sich das Scheunentor, und herein kamen, mit gezwirbelten Schnurrbärten und wichtigtuend – der eine dick mit scheelem Blick, der andere mager und hager – zwei Polizisten, gefolgt von der Bäuerin und ihrem Schwiegervater.

„Wir haben tatsächlich keinen Verbrecher gesehen, so glaubt uns doch!“, erklärte, ihr Kopftuch bindend, die Bäuerin, die sich bemühte, Sicherheit in ihre Stimme zu legen.

„Vielleicht versteckt er sich ohne euer Wissen im Heu“, entgegnete, den Verdacht abschwächend, der dünne Polizist. In dem Moment, als er das sagte, rutschte die Leiter, die Jeanne in der Eile entglitten war, ab und schlug polternd und federnd auf den harten Boden der Scheune.

„Aua! Auweia!“, kreischte der dünne Polizist und fasste sich ans linke Bein; die hüpfende Leiter war gegen sein Knie gestoßen, wie zur Strafe, dass er den harmlosen Ramon als Schwerverbrecher beschimpft hatte und im Heu vermutete.

Ohne sich um den verletzten Kollegen zu kümmern, der mit schmerzverzerrtem Gesicht und stöhnend seine kleine Wunde betrachtete, stellte der dicke Polizist schnaufend die Leiter auf und kletterte schwerfällig auf den Heuboden, wobei die Sprossen sich bogen und ächzten.

„Lieber Gott, mach, dass er die drei nicht findet“, betete die Bäuerin, sich auf die Lippen beißend, im Stillen, und der alte Bauer, die Augen zukneifend und innerlich fluchend, legte seiner Schwiegertochter die schwere Hand auf die Schulter, als wollte er sagen, die haben sich gut versteckt und lassen sich nicht erwischen.

„Mein Knie, mein Knie!“, jammerte der verletzte Polizist, der unten geblieben war und dessen Augen von der Bäuerin zu deren Schwiegervater wanderten und zurück, als erwartete er Hilfe. „Je schneller dein Kollege seine nutzlose Suche aufgibt, umso eher kann etwas für dich getan werden“, sagte der alte Bauer, froh, dass die gespannte Atmosphäre sich in Worten auflöste.

Jeanne drückte Ramon so tief ins Heu, wie es ihre Kräfte zuließen, und um ihn zu schützen, legte sie sich halbwegs über ihn. Auf der anderen Seite schmiegte Pierrot sich an, und Ramon spürte die warmen, bebenden Körper, sodass deren Erregung auch auf ihn überging. Die Halme kitzelten hinter ihren Ohren und in ihren Nasen, und der Duft des Heus erfüllte ihre Sinne. Pierrot hielt das Ganze für ein Spiel, und sein Blut geriet so in Wallung, dass sein Atem wie der eines Mäuschens pfiff.

„Wir werden sehen, ob sich hier nicht irgendwo eine Schlange ringelt!“, hörten sie, wie der Polizist sich in Ironie erging. Inzwischen hatte er eine Heugabel ergriffen und steckte diese mit der ganzen Wucht seines schweren Körpers ins Heu. Die drei hielten den Atem an, ihre Herzen klopften so laut und heftig, dass sie meinten, der Klang müsse wie ein Trommelwirbel in der ganzen Scheune widerhallen. Unmittelbar hinter dem Rücken von Jeanne sauste jetzt die Gabel nieder, traf aber nur das trockene Gras. Der dicke Polizist fluchte jetzt, weil er mehrfach in dem nachgebenden Heu den Halt verloren hatte und hingefallen war. Wie ein Krebs lag er auf dem Rücken und schlug mit allen Vieren um sich, bis er wieder auf die Füße kam, und der kleine Pierre musste sich das Lachen verbeißen.

Mit sichtlich abgekühlter Jagdleidenschaft warf der korpulente Polizist die Gabel ins Heu und stapfte schwankend auf die Leiter zu, die bereitwillig von der Bäuerin und ihrem alten Schwiegervater festgehalten wurde, als das aufgeblasene Polizistenhinterteil auf sie zuschwankte.

„Da ist nichts, das haben wir doch gleich gesagt, die Arbeit und erst recht den Ärger hättest du dir ersparen können“, sagte die Bäuerin, die nur mit Mühe ihre Genugtuung verbergen konnte.

„Trotzdem, wenn ihr etwas Verdächtiges bemerkt oder wenn jemand ums Haus streicht, sagt mir Bescheid, ich lasse mich in zwei Tagen noch mal blicken.“

Der Polizist dachte an das Lösegeld, das er sich nicht vor der Nase wegschnappen lassen wollte, und mit einem Seitenblick auf seinen verletzten Kollegen dachte er über Ramon: „Wenn ich den Riesen mit den langen Haaren allein fange, brauche ich das Lösegeld nicht zu teilen.“ Dass ihm als Amtsperson vermutlich kein Lösegeld zustehen würde, bedachte er nicht. Dann begaben sie sich miteinander in die Wohnstube, wo dem Mageren, Hageren, der jetzt leicht hinkte, von Sophie ein kleiner Verband angelegt wurde.

Wie von Petrus zugunsten der Bauern und Ramons befohlen, hatte der Regen inzwischen nachgelassen, sodass die Gendarmen nicht auf den verwerflichen Gedanken kamen, sich bei den Bauern einzunisten, und bald verließen sie missmutig den Hof. Die alte Bäuerin, die sich bis jetzt im Hintergrund gehalten hatte, lachte schadenfroh, als sie hinter ihnen dreinblickte, und da es ihr warm ums Herz geworden war, entledigte sie sich zum ersten Mal seit Tagen ihres Schals. Sicherheitshalber wartete die jüngere Bäuerin noch einige Minuten ab und begab sich, nachdem der alte Bauer sich vergewissert hatte, dass die Gendarmen im Wald verschwunden waren, zur Scheune, um den dreien im Heu zu sagen, dass sie sich vorwagen könnten. „Die Luft ist rein!“, rief sie zum Heuboden hinauf, und den dreien fiel es schwer, sich voneinander zu lösen, da es, nachdem die üble Gesellschaft unverrichteter Dinge abgezogen war, urgemütlich geworden war; Pierrot hatte sogar ein Schläfchen gehalten und von Schäfchen geträumt. Und Ramon ließ es sich mit leichten Gewissensbissen wegen seiner Prinzessin gefallen, dass Jeanne ihm unter den langen Haupthaaren ein wenig den Nacken kraulte.

Noch in gleicher Stunde wurde gemeinsam beschlossen, Ramon solle sicherheitshalber nicht auf die Rückkehr des Bauern und seiner Söhne warten. Die Gefahr einer überraschenden Rückkehr der Polizisten war zu groß – auch, dass Pierrot sich verplappern würde.

Als Ramon sich am nächsten Morgen verabschiedete, flossen Tränen, und auch Jeanne konnte, ohne ihren Beweggrund zu enthüllen, ihrem Schmerz freien Lauf lassen.

„Wie es bei uns Sitte ist“, sprach die Bäuerin, bevor Ramon sein Bündel nahm, „hast du einen Wunsch frei, du darfst dir ein Gastgeschenk aussuchen.“

Ramon wurde es siedendheiß, er dachte sogleich an das Lammfell, hielt die Bitte, es ihm zu überlassen, jedoch für unbescheiden und sagte mit übertriebener Genügsamkeit: „Mit ein wenig Wegzehrung bin ich zufrieden, denn in etwas mehr als einer Woche werde ich, so Gott will und nichts dazwischenkommt, den Palast des Königs erreicht haben.“

„Wegzehrung versteht sich von selbst“, erwiderte die Bäuerin, „Jeanne und Sophie haben längst alles eingepackt.“

„Ich habe noch in ein Eckchen einen großen Apfel mit roten Bäckchen dazu gelegt“, rief Pierrot und wies auf Ramons prall gefüllte Tasche. „Den habe ich selbst vom Baum geschüttelt“, schickte Pierrot nach und empfing strahlend Ramons dankbaren Klaps auf den Po.

Nachdem er sich gewunden hatte wie ein Aal im Bach, konnte Ramon nicht mehr verschweigen, worauf er erpicht war. Jeanne wurde leichenblass und rief aus: „Du kannst haben, was du willst, nur das Fell nicht!“

Ihre Mutter sah sie strafend an. „Kind, was ist denn in dich gefahren, du darfst das Gastrecht nicht verletzen! Es ist eines der heiligsten Güter, die es gibt auf der Welt!“

Ramon machte einen Rückzieher: „Mein Wunsch war frech, sogar unverschämt.“

„Keineswegs“, sagte der alte Bauer und fügte mit einem Seitenblick auf die errötende Jeanne hinzu: „Wir hätten dir noch ganz etwas anderes gegeben, du hättest nur zuzugreifen brauchen. So nimm wenigstens das Lammfell."

„Aber du musst versprechen, niemals hineinzusteigen, ja nicht einmal, es überzustreifen", ereiferte sich Jeanne, und ihre braunen Locken flogen.

„Nur anfassen will ich es manchmal", sagte Ramon laut. Und leise, nur für Jeanne verständlich, die jetzt neben ihm stand, setzte er hinzu: „Wenn ich es streichele, denke ich an dich." Wieder zu allen sagte er: „Gegen Mittag, wenn die Sonne am höchsten steht und es zu heiß ist zum Wandern, ruhe ich mich vielleicht auf dem Fell aus, oder ich wickele mich nachts darin ein, wenn im Wald Fichtennadeln mich piken oder Insekten mich plagen. Überwerfen werde ich es nur, nachdem ich mich versichert habe, dass ich mutterseelenallein bin und mich niemand beobachtet."

Jeanne war zufriedengestellt, und nun begann Ramon seinerseits, Geschenke zu verteilen. Pierrot freute sich närrisch über bunte Kugeln aus Glas, die er auf der Wiese mit dem Finger in ein eigenhändig gebohrtes Loch kullern dürfte. Ramon zeigte ihm das Spiel, an dem sich auch Tante Jeanne und Mama zu beteiligen versprachen, und am Ende hatte Pierrot sein Leid über Ramons Abschied fast vergessen. Jeanne erhielt einen Freundschaftsring mit einem kleinen weißen Saphir und der alte Bauer eine von Ramon eigenhändig geschnitzte Pfeife.

Nachdem der Alte, blauen Rauch paffend, ausgekundschaftet hatte, dass die Gegend sauber war, wie er es nannte, brach Ramon mit seinen Siebensachen auf, nicht ohne das Versprechen gegeben zu haben, seine Gastgeber spätestens nächstes Jahr im Sommer zu besuchen.

Als er den Fuß in den Wald setzte und sich umblickte, sah er die ganze Familie vor dem Tor versammelt und winkte. Sogar der Säugling hatte es sich nicht nehmen lassen, ihm das Geleit zu geben, und schluchzte herzerweichend, das Köpfchen am Busen seiner Mutter bergend; aus welchem Grund er weinte, behielt er jedoch für sich …

14. Kapitel

Eine seltsame Begegnung im Wald

Am Nachmittag des gleichen Tages stieß Ramon im Wald auf einen Weiher, der zeitweise von einem kleinen, kristallklares Wasser führenden Bach gespeist wurde. Am Ufer des Weihers stieg Ramon aus dem Wolfspelz und legte das Lammfell um die Schultern wie ein Cape. An sich hinuntersehend, durchrieselte ihn ein nie gekanntes Glücksgefühl, und als er sich im nunmehr ruhig daliegenden Wasser wie in einem Spiegel betrachtete, wobei er den Gegensatz zwischen Lammfell und Wolfsfell besonders deutlich empfand, wusste er, dass er nicht mehr auf der Welt sein wollte, ohne nicht jeden Tag wenigstens eine Stunde lang die beiden Felle miteinander zu vertauschen, und dass er nicht eher Ruhe finden würde, bis er das Lammfell tragen könnte, wann immer es ihn danach verlangte – nicht nur um seiner Zufriedenheit und um seines Selbstverständnisses willen, auch als Zeichen des Widerstandes gegen Machthaber wie Krapp …

Weil das Wasser des Weihers rein und klar war und er schwitzte, beschloss er, ein Bad zu nehmen, und zog sich aus, bis er im Adamskostüm am Ufer stand. Nachdem er einige Runden geschwommen war und verhielt, vernahm er plötzlich ein verräterisches Geräusch. Es kam von der Stelle, wo er am Waldesrand über die Wurzeln einer Linde das Lammfell ausgebreitet hatte. Dann erschrak er bis ins Mark, denn auf dem weißen Fell lag ein dunkler länglicher Gegenstand. Bei näherem Hinschauen merkte er, dass es ein kleiner Ast war, der vermutlich von der Linde gefallen war, wie um zu verhindern, dass das Lammfell vom Luder-Bruder Wind davongetragen würde. Mit dem Ast oder von dem Ast waren einige Blätter hinunter auf das Lammfell gesegelt.

Nachdem Ramon aus dem Wasser gestiegen war, sich mit einem Tuch abgetrocknet und sein Unterzeug angelegt hatte, überlegte er, ob er das Wolfsfell anziehen sollte oder riskieren könnte, hier in der Einöde sich das Lammfell erneut überzustreifen und darin weiterzuwandern. Da vernahm er erneut ein Geräusch, das aus der Richtung herüberdrang, wo das Lammfell lag. Nun hatte er massiven Grund, tatsächlich zu erschrecken, denn aus dem dichten Wald war ein großes Tier ausgebrochen, kam herangekrochen und schnupperte an dem Lammfell. Es war ein großer grauer Wolf!

Im erstem Moment war Ramon wie erstarrt, aber da der Wolf keinerlei Anstalten machte, ihn anzugreifen, und da Ramon wusste, dass Wölfe im Allgemeinen Menschen nicht als Feinde ansehen, sondern diesen gegenüber nur vorsichtig sind, ging er langsam auf den Wolf zu und dachte: „Je nachdem, wie er sich verhält, ergreife ich den Ast wie einen Knüppel.“ Schlagen würde er den Wolf nicht, aber ihm drohen und ihn verjagen. Doch das hatte er nicht nötig. Noch bevor der Wolf, der sich als kleiner und harmloser erwies, als Ramon auf den ersten Blick hin eingeschätzt hatte, merkte, dass der hochgewachsene Zweibeiner Anstalten machte, auf ihn zuzukommen, hatten er und Ramon ein gleiches seltsames Erlebnis. Wie von einem Windstoß erfasst, stoben einige Lindenblätter

von dem Lammfell auf und schienen davonzufliegen. Da erkannten die beiden Beobachter, dass sie tatsächlich davonflogen, genauer gesagt, sie flatterten davon, denn inzwischen hatten die Lindenblätter sich in Schmetterlinge verwandelt.

Ramon war nur überrascht, auch das Gesicht des Wolfs drückte Überraschung aus, aber in einem Atemzug einen solchen Schrecken, ja geradezu Entsetzen, dass er zunächst wie gelähmt wirkte; dann richtete er sich auf, und mit zwischen die Hinterläufe geklemmter buschiger Rute trollte er sich noch schneller in den Wald zurück, als er herausgekommen war.

Ramon warf das Lammfell nicht über, sondern strich es glatt, faltete und verstaute es, zumal es in dieser düsteren Gegend bei Mensch und Tier noch mehr Aufsehen erregt hätte als bisher. Und Ramon war sich sicher, diese merkwürdige Szene so im Gedächtnis zu speichern, dass er sie später mit seinen Malutensilien auf eine Leinwand bannen könnte. Vor allen Dingen hoffte Ramon, es möge ihm gelingen, den Gesichtsausdruck des Wolfes mit dieser Mischung von Erstaunen und Entgeisterung festzuhalten.

15. Kapitel

Prinzessin Svea badet in wirren Gedanken und Gefühlen, woraufhin ihr ein Wassergeist erscheint und menschliche Gestalt annimmt

In Gedanken versunken saß Prinzessin Svea in der Laube des königlichen Palastgartens. Sie hatte sich damit beschäftigt, Seide auf eine Haspel zu winden. Auf einem Schemel lag ein Schleiergewebe, das ausgebessert werden musste, und über einer Sitzbank hing eine Pekesche – ihres Vaters, des Königs, Festjacke, die sie mit Querlitzen und Tressen versehen hatte. Jetzt ruhten die Hände der Prinzessin, und sie betrachtete versonnen die zu ihrer Gesellschaft aufgestellten Puppen, die ihr einziger Freund, der Hofnarr Carlo, gefertigt hatte. Die Kleider der Puppen hatte sie entworfen und genäht, genau wie die Kleider der im Palast angestellten Mägde und Dienerinnen, weil ihr Vater es sich nicht mehr leisten konnte, einen Schneider zu entlohnen, und weil sie sich lieber nützlich machte, als herumzusitzen und zu frieren oder zu schwitzen. Aus dem gleichen Grunde, warum kein Schneider beschäftigt wurde, fehlte es auch an Hofdamen und Gespielinnen, die in besseren Zeiten für Sveas Kurzweil gesorgt hatten. Deshalb hatte sie mehrmals an diesem schwülen Nachmittag zu den Puppen gesprochen, wie oft, wenn sie außer Haus weilte. In ihrer Fantasie hatten die Puppen jeweils geantwortet, aber heute blieben sie stumm. Als schwebe ein Verhängnis über den Anlagen, die einst als Lustgarten gedient hatten und als Teil des nunmehr verwilderten Parks die kundigen Hände eines Gärtners seit geraumer Zeit entbehrten.

Von der Arbeit ermüdet, erhob sich die Prinzessin, holte ihre an der Laube lehnende Harfe und ließ ihre Finger über die Saiten gleiten. Wie gerne hätte sie fröhliche Weisen gespielt und gesungen, aber welches Lied sie auch anstimmte, nur traurige Töne kamen über ihre Lippen, besonders, als sie daran dachte, wie sie einst ihre Heimat, das Land der Fjorde im hohen Norden, hatte verlassen müssen. Schon lange fühlte sie sich einsam, zumal sie sich über das Schicksal ihres rechtschaffenen, aber leidgeprüften, in Abhängigkeit von Krapp lebenden Vaters den Kopf zerbrach, aber vor allem, weil sie ihre innig geliebte Mutter vermisste.

„Ich möcht morgens mal erwachen
und von ganzem Herzen lachen.
Doch an Vater denk ich dann,
der sich nicht mehr wehren kann
und vor Gram dahin fast siecht:
wegen Krapp, dem Bösewicht.

Möcht in bunten Gärten wandeln
und mit einem Liebsten bandeln.
Doch ich seh bedrückte Leute,
die des Reichen fette Beute,
krank vor Kummer und Verzicht:
wegen Krapp, dem Bösewicht.

Immer, wenn der Himmel offen,
möcht ich auf die Zukunft hoffen,
würde trocknes Brot nur beißen,
dürft ich Wolfsfelle zerreißen.
Aber leider geht das nicht:
Schuld ist Krapp, der Bösewicht.

Wenn ich seh die Welt, die kalte,
und im Arm die Puppen halte,
möcht ich mich nicht länger quälen,
Lieder singen, Sterne zählen.
Doch es stirbt das letzte Licht.
Das war Krapp, der Bösewicht.

Morgen spring ich über Hecken,
um die Sonne früh zu wecken,
bitte sie, lass deine Strahlen
tausendfach herniederfallen
und darum, dass eine sticht
mausetot – den Bösewicht …“

Der Gesang der Prinzessin verstummte, sie ließ die Harfe sinken, und ihr Blick wanderte über einen Löwen aus Erz, dessen Goldauflage abzublättern begann wie eine Haut, die sich schuppt – über ein Rosenbeet, das sie eigenhändig pflegte und dessen Duft jetzt zu ihr herübergeweht wurde – über mit Moos bewachsene Statuen, über Steinvasen und Kübel, in denen Tulpen mit weit geöffneten Kelchen steckten und die Köpfe hängen ließen, da sie genauso traurig waren wie die Prinzessin. Eine Sonnenuhr zeigte an, dass die Dämmerung bald einsetzen würde, und die efeuumrankte hohe Steinmauer, die den Schlossgarten von der Außenwelt abschnitt, warf einen langen Schatten.

Unter der drückenden Schwüle des Tages leidend, die nur unmerklich gemildert wurde durch leichten Wind, erhob sich Prinzessin Svea und strebte dem Teich zu, in dessen Mitte eine Fontäne sprudelte. Als sie am Ufer entlangging, zauberte eine Forelle ein Lächeln auf ihre Lippen. Das Fischlein, von ihr täglich gefüttert wie seine Brüder und Schwestern, die Karpfen und Hechte, schwamm ihr nach, als würde es sie erkennen.

Auf einmal grauste sich die Prinzessin, zumal eine einzelne, düstere Wolke über den Himmel hinzog wie eine Botin schlechter Nachrichten. Nicht einmal der Goldregen, an dessen Anblick sie sicht oft erfreute, konnte sie aufheitern. Die Stimmung, die über dem Garten lag, der sich allmählich in seinen Urzustand zurückverwandelte, war unheimlich und faszinierend zugleich. Noch nie so deutlich wie an diesem Nachmittag hatte Prinzessin Svea dies gespürt, und trotz der Schwüle fröstelte sie.

Soeben wollte sie sich bücken, um ihre Hände in das kühle Nass des Teichs zu tauchen, der sich in unmittelbarer Nähe der Mauer ausbreitete, sodass deren Schatten ihn jetzt berührte, da meinte sie, ein Gesicht darin zu sehen. Sie stieß einen Schreckensruf aus, fürchtete, es sei jemand ertrunken und die Leiche schwämme im Wasser – aber wie sollte ein Unbefugter bis hierhin vorgedrungen sein? –, da bemerkte sie, dass dieses Gesicht keinen Körper hatte und dass es verschwand, während Wind das Wasser kräuselte.

„Ein Geist“, flüsterte sie vor sich hin und wunderte sich, weil sie noch nie von einem Geist gehört hatte, dessen Gesicht von langen, wallenden Haaren eingerahmt war.

„Ich bin kein Geist, ich bin aus Fleisch und Blut“, hörte sie jetzt eine sanfte dunkle Stimme, die einen exotischen Zauber verströmte. Svea richtete sich auf und blickte in die Richtung, aus der die Stimme zu ihr gesprochen hatte: Und was bekam Svea zu sehen? Das Gesicht, welches sich im Teich gespiegelt hatte, lugte über die Mauer!

Zwei braune Hände hielten sich am Rand der Mauer fest. „Darf ich rüberkommen?“, fragte die Stimme, „es ist anstrengend, sich so festzuhalten“, und ehe Prinzessin Svea überlegen konnte, ob sie zusagen, ablehnen oder um Hilfe rufen sollte, hatte sich der Fremde mit der ungewöhnlichen, schwarzen Haarpracht über die Mauer geschwungen und landete wenige Schritte vor ihr, groß und schlank, von brauner Hautfarbe, mit wildem Schnurrbart, prunkend in einem schneeweißen Lammfell. Sofort wusste sie, dass sie den Fremden schon einmal gesehen hatte, entsann sich aber nicht wo; sie wusste nur, dass es nicht im Palast oder in der Umgebung jener Menschen gewesen war, die sie kannte, sondern an einem fernen Ort.

„Wer bist du, was willst du, und wo kommst du her?“, fragte sie zurückweichend, durch seine fremdartige Erscheinung und glänzende Kleidung verwirrt, aber auch magisch angezogen.

„Hab keine Angst, holde Prinzessin. Ich bin nur Ramon, ein Goldschmied aus Lissabon, und ich bin mehr als tausend Meilen gewandert, um dich zu sehen."

Während Ramon sprach, gedachte Prinzessin Svea des Tages, an dem sie mit ihrem Vater, König Sandanger, in einem offenen Wagen durch die Straßen von Lissabon gefahren war. Sie erinnerte sich einer alten Kathedrale, hörte in ihrer Fantasie das Rauschen der Meeresbrandung und sah die jubelnde Menge. Und jetzt glaubte sie zu wissen, woher sie den Fremden kannte, der sich Ramon nannte: Durch seine Körpergröße ragte er aus der Menge heraus, sicher aber war sie sich nicht.

Ramon sah die Zweifel in ihrem Gesicht. Auf einen Amor aus Stein deutend, der einen Bogen spannte, der leer war, sagte er: „Amor hat seinen Pfeil geschossen, deshalb siehst du ihn nicht mehr. Er ist über die Mauer geflogen. Der Wind hat ihn weit fortgetragen. Der Pfeil hat sich verirrt und ist schließlich in Lissabon niedergegangen, wo er mich getroffen hat. Er trug dein Bild bei sich und hat es tief in mein Herz geritzt."

Ramon zeigte auf sein Herz, und seine gut gemeinte, aber ungeschickte Liebeserklärung und seine Haltung wirkten so komisch, dass die Prinzessin trotz ihrer Beklemmung unwillkürlich lachen musste. Ramon sah, dass ihre Nase von tausend Fältchen übersät wurde. Ihr Lachen falsch auslegend und auf das Medaillon deutend, sagte er: „Du glaubst mir nicht, überzeuge dich."

Unschlüssig machte Prinzessin Svea zwei Schritte vorwärts und einen Schritt zurück. Ramon nahm die Kette vom Hals, an der das Medaillon hing, und warf sie mit

Anhängsel der überraschten Prinzessin zu, die, von Ramon unbemerkt, Handschuhe über die Finger gestreift hatte. Mit geübtem Griff fing sie den Schmuck auf und öffnete das Medaillon. „Das bin ja ich!“, rief sie mit dem Ausdruck höchsten Erstaunens.

Oft waren Künstler am Hofe ihres Vaters erschienen und hatten sie gemalt oder ihre Büste in Ton geformt. Erstaunliche Ähnlichkeiten waren erzielt worden, aber der Maler, der dieses Bild hier gezeichnet hatte, wusste augenscheinlich mehr über sie als jeder andere, mehr noch als ihr Vater und Carlo, mehr fast als sie selbst. Ihr Mund wies auf dem Bild einen traurigen Zug auf, den sie nur ganz selten an sich beobachtete und vor dem sie sich fürchtete, weil er sie älter aussehen ließ, als sie war, und weil er zu viel über die Leiden ihrer Seele aussagte; das Leid wollte sie verbergen, sogar vor sich selbst. Und ausgerechnet dieser Fremdling, der ihr jetzt gegenüberstand, der sie nur einmal gesehen hatte, zudem aus beträchtlicher Entfernung im Vorübergehen, vielmehr im Vorüberfahren, hatte diesen Zug auf Anhieb entdeckt und festgehalten, wenn auch in einer gewissen Überzeichnung, wie sie oft Künstlern eigen ist, die tiefer sehen als andere Menschen. Da war ihr Argwohn verraucht, sie trat auf Ramon zu, reichte ihm die Hand und hieß ihn willkommen.

„Warte bitte einen Moment, ich muss Ordnung schaffen“, sagte sie und huschte in die Laube. Unbemerkt von Ramon, der sich im Garten umblickte und staunend die Puppen betrachtete, schaffte sie ihr Nähzeug beiseite.

„Diese hier gleichen den Puppen auf der Kalesche bei der Triumphfahrt durch Lisboa“, erinnerte sich Ramon und wartete gespannt auf eine Erklärung, die er später zu erhalten hoffte. Er wollte nicht neugierig erscheinen, sonst hätte er sofort gefragt.

Die Prinzessin rief ihn und bat ihn, sich neben sie zu setzen. Ramon erzählte viele Abenteuer, die er unterwegs erlebt, und von Prüfungen, die er um ihretwillen bestanden hatte, und vergnügt sah sie, dass er jedes Mal, wenn er von gefährlichen Situationen oder sogar von Zwickmühlen sprach, mit dem Zeigefinger den Leberfleck auf seiner Wange berührte und dass dann die Spitzen seines leicht herunterhängenden Schnurrbartes zitterten. Ramon seinerseits fand es lustig, dass der Prinzessin Nase kraus wurde, sobald sie lächelte – und da er sie jetzt leibhaftig vor sich sah und ihre liebliche Stimme hörte, verliebte er sich noch inniger in sie. Prinzessin Svea war von ihrem Gegenüber ebenfalls angetan und sagte erfreut ja, als Ramon sie bat, wiederkommen zu dürfen. „Geh aber kein Wagnis ein, trag lieber das Wolfsfell“, riet sie ihm, „das Lammfell kannst du darunter schummeln oder bei mir lassen und dich hier umziehen, wenn du dich darin wohler fühlst.“

„Das kommt nicht in die Tüte und wäre unserer unwürdig“, erwiderte er stolz und schwang sich winkend über die Mauer.

Svea dachte naiv: „Wieso sagte er in die Tüte? Er führt ein Bündel bei sich.“ Dann wurde Svea klar, dass es eine Redensart war. Sie fragte sich, wie sie sich in dieser Lage ausgedrückt hätte und fand schnell eine Antwort. Sie hätte gesagt: „Ich denke nicht mal in einem Alptraum daran.“

Abends im Bett liegend, dachte sie: „Symbole können trügen. Als ich traurig war und auch noch die düstere Wolke sah, fürchtete ich, ein Unglück läge in der Luft. Und was ist tatsächlich geschehen? Ich habe den nettesten Mann der Welt kennengelernt, und er liebt mich!“

Zufrieden schlief sie ein, träumte von Ramon und seiner Heimat, die er in plastischen Farben geschildert hatte, und von seinen wundersamen Abenteuern. Sie konnte nicht ahnen, dass die dunkle Wolke nichtsdestotrotz Unheil verkündete, auch wenn es sich noch nicht so bald zeigte …

Schon nach der zweiten Begegnung freute Prinzessin Svea sich unbändig auf das Wiedersehen mit Ramon, und nach der dritten konnte sie es kaum erwarten, ihn an ihrer Seite zu wissen, und sie stellte sich vor, ihn auf die braune Wange zu küssen.

Auch Ramon war glücklich, er wunderte sich jedoch, dass die Prinzessin in seiner Gegenwart stets Handschuhe trug. „Schade“, dachte er, „keine Rose ist ohne Dornen; dass sie immer Handschuhe trägt, ist das einzige, was mir an ihr missfällt. Ich würde ihr so gerne die Hand reichen und ihre drücken. Ihre Handbewegungen wirken ungelenk. Verbirgt sich unter den Handschuhen ein Geheimnis? Sind ihre Hände verkrüppelt? Aber sie könnte mir anvertrauen, wenn sie Fehler hätte oder gar ein Gebrechen; das täte meiner Liebe keinen Abbruch, es täte mir nur leid um sie …“

Eines Tages saßen sie verträumt nebeneinander, als ein Pfauenmännchen vorbeitrippelte, dessen Gefieder blau schimmerte und das balzend fächerartig sein Rad aufrichtete. Ramon erzählte daraufhin von Schmetterlingen mit Namen Pfauenauge, denn ihre Flügel waren wie Augen gezeichnet. Dann kam das Gespräch auf Schmetterlinge, deren Flügel aussähen, wie mit feinen Goldkörnchen gesprenkelt. „Etwas Ähnliches mache ich auch – ich granuliere, wenn auch auf Metall, das gehört zu meinem Beruf“, erklärte Ramon, „aber es ist jammerschade, dass ich die Meisterschaft der Natur nicht im Entferntesten erlange.“

„Sei nicht traurig“, tröstete Prinzessin Svea ihn, „die Natur hat sich Jahrmillionen Zeit gelassen, und wie viel Zeit hast du?“

Ramon sprach mit so viel Liebe von Tieren, auch von Exoten, dass Svea ihm Salamander und Eidechsen zeigte, die über den Boden huschten und in den Rissen des den Garten abgrenzenden Gemäuers verschwanden. Dann führte sie ihn zu einem Baum, auf dessen höchstem Ast ein dunkelroter Arara saß, der, älter als hundert Jahre, gelassen auf lärmende Hänflinge herabblickte. „Ein traumhaft schönes Tier“, befand Ramon. Und die Prinzessin fügte hinzu: „Im Palast schwirren und girren noch andere dieser herrlichen bunten Vögel, ein Königssittich mit grellrotem Kopf und Bauch, mit grünen Federn und blauem Schwanz – und ein Pflaumenkopfsittich. Er ist lustig anzusehen mit seinem gelbgrünen Gefieder und einem Köpfchen, das tatsächlich an eine Pflaume erinnert. Ich habe stets Sorge, die Vögel würden fortfliegen, mein Herz hängt an ihnen."

„Einer so lieben Prinzessin fliegt niemand fort. Du selbst bist wie ein Vögelchen. Hoffentlich fliegst du mir nicht davon."

„Niemals! Auch, wenn ich wollte, ich könnte es nicht. Meine Flügel sind versengt, durch deinen heißen liebenden Atem, Ramon!"

Prinzessin Svea und Ramon sahen einander tief in die Augen, umarmten und küssten einander zum ersten Mal auf den Mund, und unter dem Schutz der Laube träumten sie davon, immer beisammenzubleiben. Gemeinsam träumten sie weiter, in der alten Kathedrale von Lissabon getraut zu werden. In ihrer Fantasie betraten sie den Dom und sahen wie durch ein Nebelgespinst den Hochaltar. Es roch nach Weihrauch, der in die Kuppel zog. Die verschleierte, in ein weißes, bis auf die Erde wallendes Kleid gewandete Prinzessin hatte einen Brautkranz aus Myrtenzweigen auf dem Kopf, und Brautjungfern trugen ihre Schleppe.

Ihre Zukunftsträume nahmen mehr und mehr Gestalt an: Während das Brautpaar mit gemessenen Schritten feierlich dem Hochalter zustrebte, gewahrte es bei einem Blick in ein Seiten-schiff einen juwelenbesetzten Schrein, in dem eine balsamierte Mumie ruhte. Bunte Glasfenster erzählten Geschichten aus der Bibel und Legenden von Heiligen. In einer der vorderen Bankreihen kniete das Brautpaar nieder und wartete, während Orgelspiel von der Empore aus die Kirchenhalle durchflutete, auf den Beginn der Liturgie. Sie sahen die Gläubigen mit demütig gesenkten Köpfen und gefalteten Händen, auch den Tabernakel sowie die Monstranz, in der hinter Glas die geweihten Hostien darauf warteten, ihnen auf die Lippen gelegt zu werden. Bald würde der Bischof erscheinen, auf dem Kopfe eine Mitra, in der Hand die Ferula.

Jäh zerstörte Svea den Traum von der Hochzeit, brach in stilles Weinen aus, und der traurige Zug um ihren Mund verstärkte sich zu einer Falte.

„Was fehlt dir?“, versuchte Ramon, seine Liebste aufzurichten.

„Es wird nichts aus unserer Hochzeit“, schluchzte sie.

„Warum nicht? Weil ich nicht deinem hohen Stand angehöre und nur ein Mann aus dem Volk bin, ein einfacher Handwerksmann, zudem ein Mischling mit Vorfahren aus einem fremden fernen Land, das hier keiner kennt – sogar von einem anderen Kontinent.“

„Wenn es nur das wäre, Standesdünkel habe ich nicht, auch Papa nicht; ich würde dir bis ans Ende der Welt folgen und bis ans Ende meiner Tage in Armut und Elend leben, um stets bei dir zu sein. Aber es ist etwas Schreckliches geschehen, im Dom habe ich eben hinter einer Säule die böse grinsende Teufelsfratze von Krapp gesehen …“

Die Verliebten saßen so lange beisammen, bis Mond und Sterne hervorlugten, und endlich gelang es Ramon, die Prinzessin zu beruhigen. Sie hörten die Nachtigall schlagen, schmiegten sich eng aneinander, sodass es aussah, als wären sie eins, und Glühwürmchen tanzten in der lauen, von blumigem Duft durchströmten Luft.

„Ob die Glühwürmchen nicht doch unseren Hochzeitstanz zelebrieren?“, spintisierte Ramon. Prinzessin Svea zuckte mit den Schultern. „Schön wär's“, seufzte sie. Später waren beide wieder besserer Stimmung und scherzten sogar.

Plötzlich verzog Ramon das Gesicht zu einem schalkhaften Lächeln, was Prinzessin Svea verborgen blieb. „Es gibt noch einen anderen Grund, warum wir Schwierigkeiten bei unserer Hochzeit bekommen werden“, flüsterte er.

An seinem Tonfall hörte Prinzessin Svea, dass er Spaß machte; um ihm die Laune nicht zu verderben, ging sie jedoch auf ihn ein, indem sie brav fragte: „Wieso?“

Ramon drückte ihre Hand und fühlte den rauen Häkelstoff, in dem ihre Finger steckten. „Wenn du immer Handschuhe trägst, werde ich Mühe haben, dir den Trauring überzustreifen.“

Ramon merkte nicht, dass die Prinzessin verlegen wurde.

„Lass mir ein wenig Zeit, bald werde ich dir sagen warum“, entgegnete sie leise.

Tags darauf, bei einem Spaziergang durch den Garten, erzählte Ramon von der Pracht der aus Asien stammenden Mandelbäume, die, wenn sie im Frühling ihre zartrosa Blüten entfalten, den Menschen die Sinne verwirren. „Genauso hast du mich durch das süße Gift deiner Liebe betört“, fügte Ramon hinzu. Und geflügelte Worte zitierend, fuhr er fort: „In China sagt ein Mann zu seiner Liebsten: ‚Gestern liebte ich dich mehr als vorgestern, heute liebe ich dich mehr als gestern, und morgen werde ich dich mehr lieben als heute …‘ Und genau so geht es mir und wird mir weiter so ergehen.“

Inzwischen hatten sie auf Korbstühlen die Beine ausgestreckt. Vom Wind bewegt, wogten Rosenranken, und deren Schatten spielten auf einem kleinen, schwankenden Tisch, an dem sie saßen. Ramon erzählte mit einem Blick auf das Wasser von Riesenschildkröten, die in heißem Schlamm suhlen, von Geschöpfen, halb Mensch, halb Tier, die Tritonen genannt werden („Das wäre eine Geschichte für Pierrot gewesen“, ging es ihm durch den Kopf) – von Möwen und Delphinen, vom Meer, von Sanddorn an der Küste, von Sardinen und Thunfischen. Dann gingen sie zum Teich und lauschten dem Raunen des Katarakts. Der immer noch starke Wind trug Wassertropfen zu ihnen herüber bis ans Ufer, sodass sie nass wurden. Aber sie ließen sich nicht verdrießen, schon gar nicht vertreiben, lachten, und hundert Fältchen kräuselten Sveas Nase. Ramon sah in den Teich, auf dem der Wind grüne Blätter, Laub und Algen hin und her schaukelte. Unter den fallenden Tropfen des Springbrunnens verschwamm das Spiegelbild der Verliebten, und erst als der Wind gedreht hatte und den Wasserfall auf die andere Seite des Ufers lenkte, konnte Ramon die Prinzessin und sich wieder im Wasser sehen, und er erinnerte sich der Stunde, als er zum ersten Mal, damals vor einem Weiher stehend, das Lammfell angelegt hatte und dass bisher alle seine Wünsche in Erfüllung gegangen waren.

„Es geht alles zu glatt“, sinnierte er, „wie in einem schönen Traum, hoffentlich gibt es kein böses Erwachen.“ Er wandte sich der Prinzessin zu und küsste ihre Fingerspitzen. Der Handschuh schmeckte moderig, und Ramon musste einige Fasern von seinen Lippen pflücken. Da ließ Svea es zu, dass er ihr langsam den Handschuh abstreifte, während er ihren Handrücken liebkoste. Noch ehe er bis an ihre Finger vorgedrungen war, hatte er auf einmal Angst, sie würde ihre Hände vor ihm verbergen, weil vielleicht ein Verlobungsring an ihrem Finger steckte. War sie etwa dem Widerling Krapp versprochen? War das der Grund, warum sie Krapp in den Hochzeitstraum verwoben hatte?

Ramons Bedenken waren gegenstandslos, er schämte sich seines Verdachtes, als er ihre bloßen Finger sah, sie waren zerstochen. Jetzt wusste er, warum sie ihre schönen Hände seinen Blicken entzogen hatte: um die Spuren zu vertuschen, die von der Näharbeit zeugten, und er versprach, ihr unverzüglich einen Fingerhut zu fertigen.

Jetzt erst gestand Prinzessin Svea in vollem Umfang ihre Armut, und Ramon begriff so manches, auch, was es mit den Puppen auf sich hatte. Sie erzählte von früher, als sie noch wohlhabend gewesen waren, schwärmte von einem Prunkgewand aus Brokat, das Mutter bei offiziellen Anlässen getragen und in dem sie unsagbar würdig ausgesehen hätte.

„Trauerst du diesen Zeiten nach?“, wollte Ramon wissen.

„Auf den Prunk kann ich verzichten“, sagte Svea und fügte hinzu: „Eigentlich fühle ich mich heute wohler. Als kleines Mädchen hatte ich Angst vor dem Volk. In meiner Fantasie waren die Leute Wesen aus einer anderen Welt. Mich hätte nicht gewundert, wenn mir einer erzählt hätte, sie wären aus Höhlen gekrochen. Ich verstand die Leute nicht, sie rochen unangenehm und schienen schmutzig zu sein, außerdem hatte ich Angst, sie würden mir etwas antun. Jetzt, nachdem uns fast alles genommen worden ist, fühle ich mich ihnen näher, fast zugehörig, und jetzt weiß ich auch, wie wenig Äußerlichkeiten bedeuten. Aber vielen Leuten, ob arm oder reich, bedeuten Äußerlichkeiten fast alles. Wir alle leiden unter der Willkür und der Macht des Reichtums, der sich den Namen Krapp gegeben hat. Und trotzdem, irgendwie fand ich es schön, wenn Vater zur Abendmesse in einer Sänfte getragen wurde, über der ein Baldachin schwebte. An hohen Feiertagen trug er sein goldenes Krongewand und eine mit Rubinen besetzte Krone auf dem Kopf. Wenn der Zug feierlich seinen Weg zur Kirche nahm, begleitet von Fackelträgern, wurde mir hoheitsvoll zumute. Heute hängen die Sachen, wie Vaters weißer Königsmantel, hinter Glas. Die Zeiten sind endgültig vorbei, ich will sie nicht zurückhaben. Wehmütige Erinnerungen, besonders an meine Mutter, die ich verlor, das ist alles, was übrig blieb – und die Sehnsucht, von Krapp befreit zu sein …“

Eigentlich neigte Ramon nicht zur Wortklauberei, aber jetzt doch. Er verbesserte die Prinzessin jedoch nicht, sondern dachte: „Wir sollten nicht die Sehnsucht haben, von Krapp befreit zu sein, sondern von ihm befreit zu werden. Es muss jemand in Angriff nehmen …“

16. Kapitel

Carlo überbringt eine schlechte Nachricht

Der Himmel hatte sich verdunkelt, und auch die Stimmung von Prinzessin Svea war trübe. Ramon hatte sich nicht blicken lassen, obwohl sie an diesem Tage beratschlagen, möglichst sogar beschließen wollten, wie sie ihre heimlichen Treffen im Garten zu einer Freundschaft gestalten könnten, der auch die Welt, allen voran König Sandanger, ihre Anerkennung nicht versagen würde.

Nach Einbruch der Dämmerung hatte Svea die Hoffnung aufgegeben, und bedrückt schlich sie heimwärts, um ungestört nachzudenken, warum Ramon nicht gekommen war. „Ob er mich nicht mehr lieb hat oder ob ihm etwas zugestoßen ist?“ Das waren die beiden Hauptfragen, mit denen sie sich quälte. Sie ahnte nicht, dass er zu den wenigen Menschen zählte, denen nachgesagt wird, treu wie Gold zu sein.

Während sie das geschäftige Treiben vor dem angestrahlten Portal sah und die vielen Kutschen auf dem Vorplatz des Palastes, ging ihr etwas anderes durch den Kopf. Krapp war am Hofe erschienen, um mit ihrem Vater die Formalitäten eines großes Banketts zu besprechen, das anlässlich des Erfolges gegeben werden sollte, den das Wolfsgesetz bewirkt hatte. Jeder Distrikt im Königreich war mit Wolfsfellen ausgestattet, auch die Honoratioren sollten, zumindest in der Öffentlichkeit und bei Empfängen, Wolfskleider tragen, um als Vorbilder zu erscheinen. Ramon könnte von der Festlichkeit, über die

Vater vormittags zu ihr gesprochen hatte, gehört und die Öffentlichkeit gemieden haben.

„Es ist vernünftig, dass er sich fernhält“, dachte Prinzessin Svea, auch wenn sie unglücklich war, den Liebsten nicht zu sehen.

Als sie aus dem Schatten der Dunkelheit ins Licht trat, das die hell erleuchteten Fenster des Palastes in den angrenzenden Park warfen, und sie auf den Flügel zuhielt, in dem sich ihre Gemächer befanden, sah sie oben auf einem Altan Carlo stehen und ihr zuwinken. Er machte Handbewegungen, die daraufhin deutete, dass er mit ihr allein sprechen wollte. In der Halle trafen sie einander. Was selten vorkam: Carlo war sichtlich aufgeregt.

„Kannst du dich des Gesprächs entsinnen, das wir vor wenigen Tagen führten?“, fragte er hastig, wodurch seine dunkle Stimme einen unnatürlich hellen Klang bekam. Ehe Prinzessin Svea sich Rechenschaft darüber ablegen konnte, worauf Carlo hinauswollte, sprach er weiter: „Es mag sehr nützlich sein, wenn es getreue Untertanen gibt, aber was zu viel ist, ist zu viel. Und was das Wolfsgesetz angeht, so nützt es nur einem – ich brauche nicht zu erwähnen, wem – aber sogar gegen ihn hat das Volk nur gemurrt, aufgemuckt hat keiner, aus Angst. Wenn dem Volk früher etwas gestunken hat, begehrte es auf. Wie tief ist es gesunken, dass keiner mehr Widerstand leistet? Ich frage mich, lohnt es sich noch, für dieses Volk mit der Narrenkappe zu streiten, und ausgerechnet jetzt …“ Carlo hatte sich so ereifert, dass er hüstelte.

„Was ist ausgerechnet jetzt?“, drängte Prinzessin Svea, die Mühe gehabt hatte, seinem Redeschwall zu folgen.

„Ausgerechnet jetzt, seit die Vorbereitungen zu Krapps großer Triumphfeier in vollem Gang sind, ist ein großer Kübel Eiswasser über sein Haupt gegossen worden."

Düstere, ahnungsvolle Wolken brauten sich über Prinzessin Svea zusammen. Als wollten ihre Augen die Frage stellen, die ihr Mund nicht auszusprechen wagte, blickte sie Carlo ängstlich an.

In Unkenntnis dessen, was die Prinzessin bewegte, sprach er begeistert weiter: „Du kannst es nicht wissen, bist ja den ganzen Nachmittag draußen gewesen. In der Nähe des Gartens, in dem du dich meistens aufhältst, wurde ein junger Mann festgenommen, der nicht das Wolfsfell trug."

„Nicht das Wolfsfell? Was denn?", fragte Svea kläglich, und obwohl sie halbwegs wusste, zumindest ahnte, wer den Häschern in die Hände gefallen war, hoffte sie noch, es wäre ein anderer als der, um den ihre Seele bangte.

„Als wollte der junge Mann ein Fanal gegen die Hässlichkeit der Wolfsfelle setzen, trug er ein schneeweißes Lammfell", fuhr Carlo fort, dem die Betroffenheit der Prinzessen entgangen war, „ein stattlicher braungebrannter Bursche mit langen, pechschwarzen Haaren und wildem Schnurrbart, offenbar aus dem Süden …" Carlo hielt inne und musste Prinzessin Svea stützen, weil deren Beine den Dienst versagten …

In Anbetracht des vorzubereitenden Festes war von Krapp die Dienerschaft verstärkt worden. Seine zweite Geliebte, die Dicke, auf deren Gesellschaft er auch außerhalb seines Schlosses nicht verzichten mochte, deren aufgetürmte Haare neuerdings kupferrot leuchteten und der er die Aufsicht über das Gesinde übertragen hatte, trippelte in Pantöffelchen mit rosa Rosettchen auf die in Carlos Armen lehnende Prinzessin zu, fächelte sie mit einem chinesischen Fächer und benetzte ein Tüchlein aus purpurfarben bestickter Seide mit Riechöl, das sie Svea unter die Nase hielt, während sie selbst nach Schweiß und Veilchen duftete.

„Dass die freudige Nachricht, weil wenigstens einer offenen Widerstand wagt, dich so mitnimmt, hätte ich nicht vermutet“, sagte Carlo besorgt, nachdem Svea wieder zu sich gekommen war und die Üppige mit Worten des Dankes fortgeschickt hatte.

„Wo ist der Mann?“, fragte sie blass, aber mit fester Stimme.

„Im Turm, im Kerkerraum.“

„Ich möchte ihn sehen.“

Carlo wunderte sich über der Prinzessin Mut und Bestimmtheit. „Das willst du nicht tatsächlich“, versuchte er, sie zurückzuhalten.

„Und ob! Hilfst du mir?“

„Warum nicht?“, sagte Carlo zögernd. Er hatte die Prinzessin noch nie so entschlossen erlebt und drückte ihr anerkennend die Hand. Er konnte nicht ahnen, was in den letzten Tagen geschehen war.

Carlo bestach die Wächter und führte seine Prinzessin in den Turm. Es brach ihr fast das Herz, als sie, durch das Gitter blinzelnd, ihren Liebsten, der immer noch das Lammfell trug, in Ketten sah, und sie gab nicht eher Ruhe, bis der fassungslose Carlo sie allein zu ihm gelassen hatte.

Ramons Schnurbartspitzen zitterten heftig, während sie vor ihn hintrat. Der Boden des Kerkers war feucht. Vor Ramon, der auf dem Boden hockte, stand ein Napf mit faulem, brackigem Wasser, daneben lag verschimmeltes Brot. Mit dem Rücken zur Tür des Verlieses verharrend, legte Svea den Finger auf den Mund und flüsterte: „Ich werde dich hier rausholen, koste es, was es wolle, du musst nur durchhalten."

Dann entfaltete sie den Umhang, den sie um ihr luftiges Sommerkleid geschlungen hatte, und zeigte ihm einen Rosmarin. Ramons Augen leuchteten, er kannte das Symbol: Liebe und Treue bis in den Tod!

„Nimm das Medaillon von meinem Hals und steck es ein!", forderte Ramon ebenso leise, aber bestimmt.

Diese Worte schnürten Svea die Kehle zu. „Er will nichts mehr mit mir zu tun haben, er will nicht mal mehr mein Bild, weil ihm die Inhaftierung auf dem Weg zu mir passiert ist", dachte sie, aber als habe Ramon aus ihren Augen gelesen, dass sie an seiner Liebe zweifelte, erklärte dieser: „Es ist unverfänglicher für dich, wenn niemand einen Zusammenhang sieht zwischen dir und mir."

„Das wäre mir egal", hatte Prinzessin Svea soeben noch Zeit, zu flüstern und den Rosmarin wieder unter ihrem Mantel zu verbergen, da öffnete sich hinter ihr knarrend die Gefängnistür, und von einem bärtigen Wächter, der mit eisernen Schlüsseln rasselte, wurde sie aufgefordert, unverzüglich die Zelle zu verlassen. Die Situation verkennend, dachte der Wärter: „Sie hat sich genug amüsiert. Der Fremde ist zwar ein komischer Kauz und sieht fast aus wie ein Neger, trotzdem ist er ein armer Teufel.

Vielleicht ist ihm nicht bewusst, wie schwer seine Tat wiegt und was ihm blüht …!“

Die Prinzessin und Carlo befanden sich auf dem Rückweg. Im Schein brennender Pechfackeln warfen ihre Gestalten auf den kalten, grauen Mauern des unterirdischen Gangs gespenstische Schattenrisse. Spinnen krochen über von Rinnsalen ausgehöhlte Wände und spannten Netze in der unbestimmten Hoffnung auf fette Beute.

Die Prinzessin schrie plötzlich auf und scheute zurück. Eine magere Ratte, aufgescheucht durch Sveas Schritte, die hohl von dem Gewölbe widerhallten, huschte über ihre Füße und verschwand in einer Vertiefung des Gemäuers.

„Was geschieht mit ihm?“, unterbrach Svea die später zurückgekehrte Stille.

„Wie das Gesetz es befiehlt. Es ist beschlossen, Ramon auf dem Marktplatz auf einem Scheiterhaufen zu verbrennen. Krapp wird sich die Gelegenheit nicht entgehen lassen, dieses Autodafé in den Mittelpunkt der Festlichkeiten zu stellen.“ Den letzten Satz sagte Carlo, während er mit der Prinzessin die Halle des Palastes betrat. Svea hatte keine Zeit, seine Worte in ihrer ganzen Tragweite zu erfassen, sonst wäre ihr vermutlich wieder todübel geworden.

Sie dirigierte Carlo hinter eine breite Säule. Der Verursacher allen Übels, von dem sie soeben gesprochen hatten, Krapp, rauschte vorbei, in einen aufgeknöpften, zobelgefütterten Mantel gehüllt, Stiefel aus Vipernhaut mit silbernen Sporen über die krummen Füße gezwängt, einen breitkrempigen Hut mit wehendem Federschmuck schwenkend – sowie unter dem Arm eine chagrinierte Tasche aus Saffianleder und weiße Stulpenhandschuhe über die mädchenhaften Finger gestreift.

„Keine zehn Pferde hätten mich dazu gebracht, dem Schinder die Hand zu reichen und einen Knicks zu machen", sagte Prinzessin Svea leise und entschloss sich von einer Sekunde auf die andere, Carlo rückhaltlos alles zu offenbaren, was sie auf dem Herzen hatte.

Dieser zeigte sich froh, dass Svea endlich Herzensbande geknüpft hatte, war aber bestürzt über die Umstände, in denen sie sich verstrickt hatte, zumal diese dazu beitrugen, dass sie schneller erwachsen werden würde, als ihr zuträglich war.

„Ich schlage vor, wir trennen uns vorübergehend voneinander, damit es nicht auffällt, dass wir dauernd die Köpfe zusammenstecken. Noch heute Abend werde ich deinen Vater einweihen, und dann überlegen wir gemeinsam, was zu tun ist."

Svea war damit einverstanden, den Vater einzubeziehen, bestand aber darauf, ihm selbst zu sagen, in welche Schwierigkeiten sie geraten war.

König Sandanger war außer sich, als er von seiner Tochter erfuhr, wie sie zu dem Manne stand, den sie als „liebsten Mensch auf der Welt – neben dir, Papa" bezeichnete, der aber, nachdem er das Wolfsgesetz gebrochen hatte, als Staatsverbrecher galt.

„Da hilft nur eins", sagte König Sandanger nach kurzem Bedenken in Gegenwart des zu dem Gespräch hinzugezogenen Carlo, der an einer Figur seines Puppentheaters schnitzte, „wir werden Krapp reinen Wein einschenken und nachdrücklich seine Zustimmung fordern, dass ich ein Recht ausübe, das mir, dem König, von alters her zukommt: nämlich zu begnadigen. Krapp wird nicht daran gelegen sein, sich endgültig mit uns tödlich zu verstricken, auch wenn er zurzeit alle Fäden in der Hand hält."

„Das ist wahr", pflichtete Carlo ihm verschmitzt bei, „dennoch muss ich in einem Punkt widersprechen: Alle Fäden hat er nicht in der Hand", und zum Beweis ließ er die Puppe tanzen, die an seinem Arm baumelte. Trotz der angespannten Lage musste König Sandanger lächeln, und sein Töchterchen lächelte ebenfalls, wenn auch gequält.

Zu später Stunde um eine Unterredung gebeten, tat Krapp so, als hätte er Verständnis für die Nöte, in denen des Königs Tochter gefangen war, machte aber halbwegs einen Rückzieher. Seinen frisch gestutzten Spitzbart reckend, plusterte er sich auf: „Ich will ein Exempel statuieren, also muss jemand brennen – und mit ihm das Lammfell. Wer, das ist mir gleich. Schafft mir einen Ersatzmann her, und ich werde ein Auge zudrücken."

Während der König, Svea und Carlo einander verwundert ansahen, fügte Krapp nach kurzem Nachdenken gemein lächelnd hinzu: „Vielleicht ist es sogar geschickter, wenn wir einen aus unserem Volk finden. Wenn ein Fremder, dazu noch ein halber Neger, auf dem Scheiterhaufen endet, wird es die Leute nicht so anpacken, als wenn es einen aus ihrer Mitte trifft. Diese Maßnahme hat eine stärkere erzieherische, zudem abschreckendere Wirkung. Kommt mir aber nicht auf den Gedanken, den Gendarmen zu nehmen, der diesen Samson, Ramses, oder wie er heißt, in Gewahrsam genommen hat. Ihr hättet zwar eine günstige Gelegenheit, einen unbequemen Zeugen loszuwerden, aber es ist für die Aufrechterhaltung der Disziplin unabdingbar, dass kein Schatten auf Polizei oder Militär fällt."

„Einen Zeugen durch Ermordung loswerden, welch gemeine Gedanken von Krapp", dachte Prinzessin Svea angewidert.

Nachdem Krapp sich selbstgefällig lächelnd entfernt hatte, beratschlagten die von ihm, aber nicht von allen guten Geistern Verlassenen. Sofort war ihnen klar, auf welch schlimmen Handel sie sich einlassen sollten, aber Prinzessin Svea war so froh, einen Ausweg zu sehen, auf dem Ramon gerettet werden könnte, dass sie nur von dem Gedanken beseelt war, ihrem Liebsten die glückliche Botschaft zu überbringen, und obwohl bereits Mitternacht vorüber war, ließ König Sandanger seine Tochter in Begleitung Carlos ein zweites Mal in den Turm.

Aber welche Ernüchterung widerfuhr ihr dort! Um keinen Preis war Ramon bereit, einen anderen Menschen statt seiner zu Tode kommen lassen. „Entweder es wird niemand verbrannt, oder ich werde den schweren Gang zum Scheiterhaufen antreten", sagte er und wunderte sich selbst darüber, wie fest seine Stimme klang. „Dann liebst du mich nicht!", wimmerte seine Svea tränenerstickt. Aber Ramon blieb standhaft: „Das eine hat mit dem anderen nichts zu schaffen. Ich könnte nicht leben mit der Schuld, einer müsste sterben müssen, um meine Haut zu retten."

Sie tauschten einen Abschiedskuss, schenkten einander einen letzten Blick, und die Prinzessin wankte, gestützt auf Carlos Arm, in den Palast zurück.

Mit bangem Herzen dachte Ramon: „Ich muss mir treu bleiben, komme, was wolle. Wenn ich weich werde, wird Svea die Achtung vor mir verlieren und damit ihre Liebe. Der Himmel möge geben, dass ich weder mein Leben noch mein Gesicht verliere."

„Nur noch ein Wunder kann helfen", jammerte Prinzessin Svea, nachdem sie ihrem Vater mit Carlo von dem Misserfolg ihres Besuches bei Ramon berichtet hatte.

„Ein Wunder oder der Einfallsreichtum eures Hofnarren", dachte Carlo, lenkte aber die Prinzessin, die im Begriff war, sich aufzulösen, ausnahmsweise mit einer Floskel ab: „Noch ist nicht aller Tage Abend." Und Krapps Worte „Schafft mir einen Ersatzmann her!" gingen ihm nicht mehr aus dem Kopf.

Später ging er mit sich selbst zurate: „Als Prinzessin Svea mir Ramon vorführte, dachte ich, der Lackel weiß nicht, was er tut und trägt das Lammfell spazieren, um bei Svea Eindruck zu schinden nach dem Motto: ‚Das weiße Fell steht mir ausnehmend gut!' oder um ihr mit seiner Erscheinung ebenbürtig zu sein. Doch nach der eisernen Haltung, die er eben bezeigt hat, gehe ich davon aus, dass er inzwischen das Lammfell mit voller Absicht trägt – als Symbol des Widerstands …"

17. Kapitel

In der Morgendämmerung nach entscheidender Nacht wird ein Scheiterhaufen entfacht

Aus Angst um ihren Liebsten wurde die Prinzessin so krank, dass sie das Bett hüten musste. Knabenkraut, gelber Enzian, Safran und Arnika brachten nur wenig Linderung, zumal vornehmlich ihre Seele betroffen war. Ihr letzter Hoffnungsschimmer schien erloschen, als auch der Plan des Königs, Ramon zu befreien, sich als undurchführbar erwies. Krapp hätte sofort Verdacht geschöpft – der Erfinder des Schießpulvers hätte es „Lunte gerochen" genannt –, von wem diese Aktion ausgegangen wäre. Krapps Hauptanliegen schien es zu sein, mit dem zum Tode Verurteilten vor allen Augen würde das Lammfell in Flammen aufgehen. Auch er hatte von einem Symbol des Widerstandes gefaselt.

An Sveas Bett saß Carlo und versuchte, sie aufzuheitern und abzulenken, erzählte Geschichten und sang Lieder zur Laute. Seltsam unbeschwert gab er sich, er rieb sich sogar die Hände und sagte zuversichtlich: „Wer weiß, wer weiß, vielleicht gibt es Zunder, und es geschieht noch ein Wunder."

Zuerst dachte Prinzessin Svea: – Er ist verrückt geworden –, dann war sie so enttäuscht und erbost über Carlos Haltung, in der aus ihrer Sicht nichts weiter zum Ausdruck kam als pure, mit Ironie verbrämte Hilflosigkeit, dass sie sich mit ihm zerstritt, ihm das Zimmer verbat und ihm sogar einen Fluch hinterherschickte.

– Ich war überzeugt, Carlo sei mein Freund, dann kam Ramon, und ich hatte zwei Freunde, und jetzt habe ich keinen mehr –, dachte sie verzweifelt. – Ein Hofnarr scheint nur gut, um dumme Witze zu machen, die ihm nicht schaden. Und wenn es darauf ankommt, wenn es im wahrsten Sinne des Wortes brennt, dann läuft er davon. –

Auch ihr Vater, der sich kaum blicken ließ, konnte keinen Trost spenden und ließ seinen Protest dem Anschein nach mit passivem Widerstand bewenden, doch ihn entschuldigte sie. Sie wusste, dass er nicht Herr seiner, sondern Sklave von Krapps Entschlüssen war …

Der Tag der Hinrichtung kam. Krapp verfügte, die königliche Familie, auch die Frauen, vor allem Prinzessin Svea, habe auf einer eigens in der Nähe des Scheiterhaufens errichteten Tribüne dem grausamen Schauspiel beizuwohnen.

Zuerst schwor Prinzessin Svea, um keinen Preis sei sie bereit, sich dem Willen Krapps zu beugen, auch wenn es ihren eigenen Kopf oder den ihres Vaters kosten würde, dann aber reifte in ihr ein selbstzerstörerischer Plan. – Wenn die Flammen züngeln und meinen Liebsten ergreifen, werde ich mich an seiner Seite ins Feuer stürzen! –, schwor sie sich. – So werden Ramon und ich für alle Zeiten vereint sein …–

Eine riesige Menge Volkes drängte sich auf dem Marktplatz. Obwohl viele Leute daran gedacht hatten, irgendwann ihr stinkendes Wolfsfell wegzuwerfen, und wütend auf ihrem eigenen herumgetrampelt waren, wurden sie von glühendem Hass erfüllt, weil ausgerechnet ein Fremder die Verwegenheit besessen hatte, öffentlich

aufzubegehren, indem er ein Lammfell trug – zudem im Bereich des Königspalastes, in dem Krapp sich aufhielt! Eine Herausforderung! Und sie riefen: „Gerbt dem Höllenhund das schwarze Fell, wir wollen ihn braten sehen!“

Bleich, aber gefasst, scheinbar teilnahmslos, saß Prinzessin Svea auf ihrem Platz neben dem König in der obersten Reihe der Tribüne. Die Brandknechte spielten schon mit Reisig und Feuersteinen. Der Henker, unruhig die Finger bewegend, sodass die Gelenke knackten, stand bereit. Durch eine schmale Gasse rollte ein kleiner Wagen heran. Auf ihm stand, hochaufgerichtet mit stolzem, starrem Blick, an einen Pfahl gebunden: Ramon! Die Prinzessin spürte Stiche im Herzen, als der Schinderkarren so nahe an der Tribüne vorbeirollte, dass sie ihn hätte berühren können, ja dass sie fast den Atem Ramons hätte spüren müssen.

– Ramon liebt Tiere so sehr, und jetzt führt eines ihn in den Tod –, dachte sie. Sie wollte weinen, aber ihre Tränen waren versiegt. Und ihre kleine Nase, die sich bei fröhlichen Anlässen manchmal kräuselte, krümmte sich jetzt in seelischem Schmerz.

Seltsam bleich und wächsern war das Gesicht von Ramon. Er verzog keine Miene, zeigte keinerlei Anteilnahme, nicht einmal, als sein Blick sich mit dem seiner Prinzessin kreuzte. Um seinen Mund lag ein verächtlicher Zug, den sie nicht an ihm kannte und der ihn ihr fremd machte. Sein Schnurrbart zitterte nicht, und wieso schabte er nicht an seinem Leberfleck wie sonst, wenn er sich aufregte. Wo war eigentlich der Leberfleck? Sie vermisste ihn. Ramon war zwar gefesselt, hätte sich aber an der Schulter reiben können.

Wie im Halbschlaf hörte sie das „Brr!“ des Kutschers, das Schnauben des Pferdes, das Quietschen der Deichsel, das Johlen der Menge. Zwei Männer banden Ramon los, der, ohne sich zu rühren, alles über sich ergehen ließ, als sei er nicht bei sich; sie halfen ihm vom Wagen, trugen ihn mehr, als sie ihn führten, auf den Scheiterhaufen, wo der Henker ihn in seltsamer Hast an einen Holzpfahl fesselte.

„Etwas stimmt nicht!“, dachte Svea. „Ramon würde sich niemals auf den Scheiterhaufen schleppen lassen, dafür hat er zu viel Würde. Was haben sie mit ihm angestellt?“

Ihr Blick wanderte zu ihrem Vater, der mit düsteren Blicken dem unmenschlichen Schauspiel zu folgen schien. Hatte er oder Carlo ihrem Liebsten Gift oder Kräutersud eingeflößt, damit er nichts spürte – weder körperlich noch seelisch? Sie war so verwirrt, dass sie nicht mehr klar denken konnte. Alles schien ein böser Traum zu sein.

Der Krapp hörige Erste Minister des Königs erhob sich, brach das rote Siegel einer umfangreichen Mappe auf, nahm ein Blatt Papier zur Hand, hielt eine pathetische Ansprache, in der von frevelhaftem Tun, Gesetzesuntreue und gerechter Strafe die Rede war, und verlas das Urteil: „TOD DURCH LODERNDE FLAMMEN!“

Der Pöbel jubelte. Prinzessin Svea sah, wie die Leute Ramon beschimpften, wie sie ihn mit Steinen bewarfen und bespien – wie damals Christus vor der Kreuzigung misshandelt worden war. Ramon rührte sich nicht und hatte immer noch das verächtliche Lächeln in den Mundwinkeln.

Auf ein Zeichen des sich neben Prinzessin Svea erhebenden Königs, der seine Tochter mit einem besorgten Blick streifte, zündete der Henker den Scheiterhaufen an, und Svea war nahe daran, wieder das Bewusstsein zu verlieren. Nur der Gedanke an ihren heroischen, selbstzerstörerischen Plan hielt sie aufrecht.

Es wirkte gespenstisch, wie die Flammen im Zwielicht der Morgendämmerung emporloderten und an der Gestalt nagten, die, an den Pfahl gebunden, stumm ihr Schicksal aus der Hand des Henkers entgegennahm – und wie die Funken im Wind stoben, als würden von Satan herbeizitierte, in Verdammnis geratene, in Glühwürmchen verwandelte Höllensöhne einen Hexensabbat veranstalten.

Wie eine von Hagel getroffene Blume richtete Prinzessin Svea sich auf, bereit, ihrem Geliebten in den Tod zu folgen. Da legte sich eine Hand auf ihren Arm und drückte sie auf ihren Sitz nieder. Von rückwärts war ein junger Mann auf das Gerüst geklettert. Er war sehr groß und hatte braune Hautfarbe. Seine schwarzen Haare waren kurz geschoren, seine Oberlippe hell, als habe er einen Schnurrbart getragen und ihn kürzlich abrasiert, auf seiner Wange glänzte ein Leberfleck, an dem der Mann rieb.

Prinzessin Svea öffnete den Mund und wollte etwas sagen. Da sah sie, dass der junge Mann, an dessen Hals eine Kette mit einem Medaillon baumelte, den Finger auf seine Lippen pressend, sie zum Schweigen veranlasste. Ihre Umgebung versank wie in einem Nebelfeld. Das letzte, was sie wahrnahm, war der brennende und knisternde, sengende Hitze verbreitende Scheiterhaufen, von dem schwarze Rauchwolken gen Himmel stiegen und die allmählich aufgehende Sonne verdunkelten. Dann sank die Prinzessin ohnmächtig nach hinten.

18. Kapitel

Über Krapp bricht das Schicksal den Stab

Abends wieder zu sich gekommen, fand Prinzessin Svea sich in ihrem Schlafgemach wieder, auf dem Bett liegend. Zwei Dienerinnen, ihr feuchte Umschläge anlegend und Riechstoffe versprühend, bemühten sich um sie. An ihrer Seite saß sorgenvoll ihr Vater, König Sandanger.

Als er sah, dass seine innig geliebte Tochter endlich die Augen aufschlug, tat er einen tiefen Seufzer der Erleichterung und bedeutete den fleißigen Mädchen, sie würden nicht mehr benötigt, woraufhin sie sich mit einem Knicks und einem Lächeln entfernten. Nur schwer fand Svea in die Wirklichkeit zurück und brauchte geraume Weile, bis sie ihre gewohnte Umgebung erkannte.

Plötzlich wurde ihr Blick klar. „Was ist mit Ramon?“, war ihre erste bange Frage. Ihr Vater machte ein so entspanntes, zufriedenes Gesicht, dass er gar nicht hätte zu antworten brauchen: „Er lebt!“

„So ist wirklich ER es gewesen, der mir auf dem Gerüst die Hand auf den Arm legte, ehe ich in tiefe Nacht versank?“, fragte sie ungewollt theatralisch. König Sandanger kniff statt einer Antwort lächelnd beide Augen zu und nickte.

„Und verbrannt worden ist statt seiner eine …“, sagte sie, erregt sich aufstützend und den Satz nicht zu Ende bringend. Sie war außerstande, die magischen Worte mannshohe Puppe auszusprechen, aber weil sie sich die

Situation am Scheiterhaufen vor Augen führte, blieb ihr nichts anderes übrig, als an eine solche Puppe zu denken.

„Ja, eine Puppe, aber beruhige dich“, mahnte Vater Sandanger und drückte seine Tochter sanft und mit zärtlichem Blick wieder in die Kissen zurück.

„Der bedauernswerte Carlo, ich habe ihm Unrecht getan!“, schluchzte Svea.

„Er hat es dir nicht verübelt. Du warst wie im Fieberwahn und konntest nicht wissen, dass er den Plan ausgetüftelt hatte, eine Puppe zu basteln, die Ramon täuschend ähnlich sein müsste.“ (Carlo selbst hatte „ausgeheckt“ gesagt.)

„Warum um alles in der Welt habt ihr mich nicht eingeweiht?“

„Dadurch, dass wir Krapp gesagt hatten, wie du zu Ramon stehst, waren uns in vieler Hinsicht die Hände gebunden, denn jetzt hielt er die Augen offen. Ich weiß immer noch nicht, ob es richtig war, ihm mit der Wahrheit zu kommen, aber Leute unseres Zuschnitts sind nicht geboren, mit faulen Tricks zu arbeiten, und auch das Theater mit der Puppe war mir zuwider; tausendmal lieber wäre ich diesem Missetäter offen entgegengetreten. Kurz und gut, ich war schon nahe daran aufzugeben, da kam unser guter Carlo auf diesen genialen Einfall. Aber das erzählt er dir gleich selbst …“

König Sandanger drehte sich um. Es hatte leise an die Tür geklopft, zweimal kurz, zweimal lang, das vereinbarte Zeichen, und Carlo schlüpfte herein. Tausend Entschuldigungen der in Tränen ausbrechenden Prinzessin musste er abwehren und schwören, ihr nichts nachzutragen, ehe er mit leuchtenden Augen berichtete: „Krapp selbst hat mich auf den Gedanken gebracht, als er das Stichwort ‚Ersatzmann' nannte. Für ihn war es natürlich keine Frage, dass er einen Ersatzmann aus Fleisch und Blut meinte, aber ich dachte sofort an eine Puppe. Das behielt ich jedoch zunächst für mich, weil ich nicht sicher war, ob meine Fähigkeiten reichen würden, sie herzustellen, und ich wollte keine falschen Hoffnungen wecken."

Prinzessin Svea wiederholte den gleichen Vorwurf, den sie an ihren Vater gerichtet hatte. „Mir wäre viel erspart geblieben, wenn ihr mich eingeweiht hättet."

„Dies hätte das Gegenteil bewirken können, Prinzessin. Krapp beobachtete dich wie ein Luchs. Deine Ängste mussten echt sein, sonst hätte er etwas gemerkt und unser toller Plan wäre im Eimer gewesen – entschuldigt die Plattitüde, ich wollte natürlich sagen, der schöne Plan wäre zunichte gewesen."

„Aber allein die Zwickmühle, klappt es, klappt es nicht, hätte mich so in Aufregung versetzt, dass Krapp …"

„Lass gut sein, Kind", schnitt Vater ihr ausnahmsweise das Wort ab, aber nur, um sie von ihrer Erinnerung an Krapps Übeltaten abzulenken. Und er fügte hinzu: „Das Wagnis war zu groß; Ramon wird dich für alles entschädigen, was du um seinetwillen erlitten hast, und auch wir werden dazu beitragen."

„Wo ist Ramon jetzt? Kann er nicht zu mir?"

„Das wäre zurzeit brandgefährlich", erklärte ihr Vater. Und ergänzte: „Obwohl Krapp ihn nur kurz zu Gesicht bekommen hat und die Veränderungen, die wir an ihm vorgenommen haben, nicht einschätzen kann. Aber du wirst Ramon bald sehen, vielleicht schon morgen, und er wird dir in Kürze so nahe sein, wie du dir wünschst."

Wiederum klopfte es. Stirnrunzelnd trat König Sandanger vor die Tür, seine Tochter und Carlo hörten ihn draußen mit gedämpfter Stimme reden. Aber schon bald kam der König zurück.

„Wenn man vom Teufel spricht …", sagte er und wiederholte den Satz des Dieners, der ihn gestört hatte: „Krapp ist vorgefahren und möchte morgen früh der Prinzessin seine Aufwartung machen."

„Der Schuft!", presste Svea durch die Lippen. „Ich werde ihn stehen oder besser noch abblitzen lassen."

„Es ist geschickter, du empfängst ihn", riet Carlo …

Die Prinzessin, die sich wie zu einem öffentlichen Empfang zurechtgemacht hatte und schön war wie nie zuvor, wenn auch ein wenig bleich, saß am nächsten Vormittag in einer Nische der großen Palasthalle zwischen zwei Säulen auf einer Art Thron mit kunstvoll geschnitzten Armstützen, an die sie sich klammerte. Krapp ging auf sie zu, setzte zu einer übertrieben tiefen Verbeugung an und vollführte, wie er das immer tat, wenn er vor ein Mitglied der königlichen Familie trat, einen gezierten, absichtlich missglückten Kratzfuß, wie um Vater und Tochter in ihrer Machtlosigkeit zu verhöhnen.

„Guten Morgen, holde Prinzessin. Wie fühlt Ihr Euch? Ich hoffe, Ihr habt die bedeutsamen Ereignisse des gestrigen Tages überwunden, ohne Schaden an Eurer zarten Seele zu nehmen. Das Wohl des Volkes verlangt von uns allen leider gebührenden Tribut."

„Trotz der unannehmbaren Umstände fühle ich mich passabel“, antwortete Svea leise, seinen ironischen Worten eine kühle Verbeugung entgegensetzend.

„Mir persönlich tut es leid, glaubt mir“, heuchelte Krapp, „doch dieser dumme Mensch wollte unbedingt Märtyrer spielen. Er hätte es anders haben können.“

In Krapps Stimme schien ein Ton menschlichen Mitgefühls mitgeschwungen zu haben, sodass Svea stutzte, doch dann entlarvte er sich, indem er gemein hinzusetzte: „Beruhige dich, Gnädigste. Es gibt so viele schmucke Männer im Land, da sollte es dir nicht schwerfallen, einen anderen zu finden. Und wenn alle Stricke reißen, ich bin ja auch noch da, und ich habe den Vorzug, ein Weißer zu sein.“

Prinzessin Svea schoss das Blut ins Gesicht, sie hatte auf der Zunge zu entgegnen: „Auf Weiße mit pechschwarzer Seele können wir verzichten.“ Ihr Vater, der hinter den Säulen alles mitbekommen hatte, ballte die Fäuste, und Carlo flüsterte rau: „Man sollte dem Schubiack – am liebsten hätte ich das Wort Drecksack verwendet – den giftigen Schierling verabreichen!“

In diesem Moment öffnete sich das Tor der Halle, und atemlos stürzte einer von Krapps Männern herein. „Der Scheiterhaufen …!“, keuchte er.

„Was ist mit dem Scheiterhaufen?“, fragte Krapp ungehalten, da er die Wirkung, die seine unverschämten Worte bei Prinzessin Svea hinterlassen hatten, nicht weiter auskosten konnte.

„Er ist fast runtergebrannt und schwelt noch; es steigt nur noch ein wenig schwarzer Rauch auf …“

„Bist du gekommen, mir vom Ende eines Scheiterhaufens zu berichten, du Schwachkopf?“

„Nein, nein, aber es ist etwas Ungeheuerliches geschehen!“

„Komm endlich zur Sache, Mensch!“

„Genau an der Stelle, wo der Fremde verbrannt worden ist, liegt das Lammfell auf dem Boden – unversehrt, kein Härchen ist angesengt, nicht mal gekrümmt. Zwischen den schwelenden Holztrümmern glänzt das Fell in der Morgensonne, als lägen tausend Edelsteine obenauf, und darüber tanzen sprühende Funken.“

„Bist du betrunken, du Hund? Nein, du lügst, das wirst du mit deinem Leben büßen!“, fluchte Krapp außer sich. Sein Gesicht hatte sich verfärbt, sein spitzer Kinnbart war wie eine Lanze auf den Boten gerichtet, und er wirbelte in heller Aufregung den Siegelring um den Finger.

„Die anderen haben es auch gesehen!“, rief der Bote und deutete auf das Tor, durch das sich einige Leute drängten. Krapp eilte auf sie zu und musste sich sagen lassen, dass der Bote die Wahrheit gesprochen hatte. Inzwischen hatte sich die Prinzessin, mehr Verwunderung als Triumph in den Augen, erhoben, und ihr Vater und Carlo gesellten sich zu ihr.

„Wenn das stimmt, dann war alles umsonst!“, zischte Krapp in seinen Bart, rief aber dann laut: „Wer mir das Fell herbeischafft, wird von mir fürstlich belohnt, und auch die anderen, die dabei waren, werden sich nicht beklagen. Wer aber nur eine Silbe darüber verlauten lässt, ist des Todes!“

Von dem Versprechen auf Belohnung gekitzelt, stürmten die Leute nach draußen, kamen aber nach wenigen Minuten, in denen das Schweigen der Königsfamilie und des Hofnarren und die bedeutsamen Blicke, die sie miteinander tauschten, schmerzlich auf Krapp lasteten, unverrichteter Dinge wieder zurück.

Der Mann, der sich zuvor zum Sprecher der Gruppe gemacht hatte, gestand: „Das Fell ist nicht mehr da."

„Wollt ihr mich zum Narren machen?", fuhr Krapp gereizt auf.

„Das würden wir niemals wagen, Herr", sagte der Mann mit gesenktem Blick.

„Dich zum Narren machen und lachen, das darf nur ich, hihihi!", kicherte mit verstellter hoher Stimme Carlo und stellte sich katzbuckelnd und doch herausfordernd vor Krapp hin, der ihn wutschnaubend und zähneknirschend betrachtete. Ihm war anzusehen, dass er Carlo am liebsten vernichtet hätte, aber Hand an den Hofnarren zu legen, konnte auch Krapp sich nicht erlauben.

„Wir sagen die Wahrheit", lenkte der Bote Krapps Aufmerksamkeit wieder auf sich. „Man sieht die Stelle noch ganz deutlich. Überzeugt euch selbst, Herr."

In Windeseile ließ Krapp sich zum Marktplatz fahren, auf dem immer noch Reste des Scheiterhaufens glommen. Und tatsächlich: Zu Füßen des Platzes, an dem das Todesurteil vermeintlich vollstreckt worden war, zeichneten sich auf dem nackten Boden deutlich die Umrisse des Lammfells ab: Kopf, Rumpf, Vorderläufe, Hinterhufe … Fassungslos stand Krapp davor und fühlte sich, als wäre er selbst ein Missetäter vor der Hinrichtung.

„Gestohlen! Gestohlen!“, schimpfte er, als er wieder die Halle betrat, in der fast alles so geblieben war wie zu dem Zeitpunkt, als er sie verlassen hatte. „Ein Komplott wird gegen mich geschmiedet, Verrat, Verrat, man will mich umbringen!“, tobte er. Mit einer weit ausholenden Armbewegung die Halle umreißend, aber das gesamte Anwesen des Königs meinend, rief er aus: „Nichts wird hier neu gemacht, der Etat ist gestrichen, und auch euer Personal wird nicht aufgestockt, basta, und das Fest wird auch abgeblasen.“ Sein Blick fiel hasserfüllt auf die Prinzessin. „Den Pagen, den dein Vater dir schenken will, sollst du meinetwegen kriegen, du brauchst anscheinend so nötig einen Kerl wie die Lücke eine Krücke.“

Außer sich vor Enttäuschung und Zorn rannte Krapp aus der Halle. Prinzessin Svea schmiegte sich dankbar an ihren Vater, denn sie ahnte, wer den Pagen mimen sollte. Die ordinären Worte von Krapp konnten sie nicht mehr verletzen.

„Wenn Gras über die Sache gewachsen ist, wird sich finden, welche Position wir Ramon tatsächlich einräumen“, entschied König Sandanger.

„Es gibt nur einen Platz, der seiner würdig ist“, erwiderte die Prinzessin stolz, „den an meiner Seite, aber Ramon will nichts weiter, als Goldschmied sein.“

König Sandanger strich seiner Tochter lächelnd über ihr seidiges, goldenes Haar, das während ihrer Krankheit vorübergehend etwas Glanz eingebüßt hatte, und sagte: „Vielleicht lässt sich das eine mit dem anderen verbinden.“ Dann winkte er Ramon heran, der sich unauffällig unter das Volk gemischt hatte, das nun im Begriff war, sich zu zerstreuen. Mit Freudentränen in den Augen sahen Ramon und Prinzessin Svea einander an und hätten einander am liebsten umhalst, hielten sich aber in Gegenwart der Leute zurück. Die Prinzessin sagte: „Das Einzige, was mir zu meinem Glück noch fehlt, ist Mama. Vielleicht findet sie zu uns zurück, ich habe wieder von ihr geträumt. Zwischen uns befand sich nur ein großer Teich; wir streckten beide die Hände aus und hätten einander fast berührt …"

Ramon konnte nicht sagen, was es mit dem verschwundenen Lammfell für eine Bewandtnis hatte, ihm war außer dessen Schönheit und Reinheit, dessen strahlendem Glanz, dem auch die Kerkerhaft nichts hatte anhaben können, nichts Besonderes aufgefallen, außer dass ihm, Ramon, ein innerer Zwang anhaftete, es zu tragen, nachdem er es das erste Mal um die Schultern gelegt hatte. Doch dann erinnerte er sich an den Tag, als er sich von den braven Bauersleuten verabschiedet und nachmittags im Weiher eines Waldes geschwommen war. Der marode Ast einer Linde war auf das Lammfell gestürzt und hatte es an keiner Stelle beschmutzt, und die verwelkten Blätter, die auf das Fell gefallen waren, hatten sich in quicklebendige bunte Schmetterlinge verwandelt und waren davongeflogen. Aber das schien Ewigkeiten her zu sein, und Ramon beschloss endgültig, so bald wie möglich die Bauersleute zu besuchen …

Als Svea, gefolgt von Ramon, der in die Dienste eines Pagen eingewiesen werden musste, sich jetzt in ihre Gemächer zurückzog, sagte der König zu Carlo: „Wenn die Sache mit dem Lammfell etwas Besonderes zu bedeuten hat, werden wir es bald erfahren“, und Carlo nickte …

Sie brauchten nicht lange zu warten. Nach wenigen Monaten tauchten überall im Land Gerüchte auf, die auch zum Palast des Königs vordrangen und zum Schloss von Krapp in die Karpaten. Zu gleicher Zeit war in Britannien ein junger, blonder Mann aufgefallen und in Griechenland eine alte Frau mit schulterlangen grauen Haaren. Sowohl der Jüngling als auch die Greisin hatten dem Vernehmen nach ein schneeweißes Lammfell getragen.

Just zu dem Zeitpunkt, als gemunkelt wurde, in Russland sei ein junges Mädchen in einem Lammfell gesehen worden, begab es sich, dass Krapp, dessen Gesundheit in letzter Zeit sehr zu wünschen übrig ließ, am Hofe von König Sandanger weilte, um Staatsangelegenheiten zu besprechen.

Ein schrecklicher Greis, abgemagert zum Skelett, mit Zähnen wie ein Vampir, hatte Krapp von seinem Schloss in den Karpaten vertrieben. Es wurde geflüstert, einer der Ahnen des Adeligen, den Krapp um das Schloss betrogen hatte, sei aus seiner Gruft gestiegen und habe Freunde und Verwandte aus ihren Gräbern befreit, um mit deren Hilfe seinen Besitz zurückzuerobern. Janosch, der Erfinder, war, die Unruhen im Schloss zur Flucht nutzend, in seine Heimat zurückgekehrt. Weiteren Gerüchten zufolge waren im ganzen Kontinent tausende Schmähschriften über Krapp verteilt worden, und diese trugen als Überschrift und Unterschrift ein großes „J“ …

Für Krapp, schweigsam geworden und sich oft misstrauisch umblickend, wurde von König Sandanger ein Nachtmahl gegeben. Nachdem zum Dessert Naschwerk und anregende Getränke aufgetragen worden waren, lauschten die Gäste den sanften Klängen von Zither und Schalmei, und ein Knabe blies die Rohrflöte hingebungsvoller als Pan.

Plötzlich Trommelwirbel, dann Trompetenstöße. Der Hofnarr Carlo, in die Nachahmung eines Lammfells geschlüpft, baute sich vor Krapp auf, machte einen Kratzfuß und hub an, mit kreischender Stimme die Vermehrung der Lammfelle zu besingen:

Aus eins, juchei,
da werden zwei.
Trink schnell ein Bier,
dann sind es vier.
Eh du's bedacht,
zähl ich schon acht.
Bevor du dich hast umgeseh'n,
da sind's der Felle sechs und zehn.
Wenn Krapp dann droht: Verflucht, jetzt beiß ich,
dann sind es längst schon zweiunddreißig.
Sein übles Tun, bei Gott, das rächt sich:
Im Handumdrehen sind's vierundsechzig.
Und eh der Hase hüpft und hoppelt,
hat sich auch diese Zahl verdoppelt.
Sie quellen nun aus allen Ecken,
der Krapp kann sich nicht mehr verstecken.
Und unsrem Volke zum Entzücken
werden die Felle ihn ersticken.
Trallala – Trallala – Juchheißaßa,
Trallala – Trallala – Juchheißaßa …"

Wie ein kleiner Kastenteufel tanzte Carlo auf einem Bein, schlug mit den Fingernägeln gegen die Saiten seiner Laute, dass sie schrille Töne von sich gab, und ließ das Instrument dann zu Boden fallen, wo es dumpf und dann klirrend widerhallte, als sein hölzerner Bauch und die Saiten auf die Fliesen aus Stein knallten.

Carlo stieg aus dem weißen Tuch, das von Prinzessin Svea als Lammfell geschneidert worden war und im fahlen Schein der flackernden Kerzen wie ein Leichentuch aussah, und warf es dem zusammengesunken, aschfahl auf seinem Stuhl hockenden und hektisch seinen Siegelring drehenden Krapp über den Kopf. Der Hofnarr lachte so schrill, dass es gespenstisch von den Wänden der Halle zurückprallte und sich in den weitläufigen anderen Räumen vervielfältigte. Die geladenen Gäste fielen in das Gelächter ein, und Krapp fühlte sich unter dem Tuch, von dem er sich vergeblich zu befreien versuchte, wie in einer Grabkammer.

Als es ihm endlich gelungen war, sich hervorzuarbeiten, brach das Gelächter der Leute jäh ab. Krapp erstarrte und fasste sich ans Herz. Vor ihm stand ein großer Mann von brauner Hautfarbe, mit schwarzen, bis auf die Schultern wallenden Haaren, einen wilden Schnurrbart auf der Oberlippe, gekleidet in ein schneeweißes Lammfell: der Mann, den er für tot hielt. Und Krapp sank entseelt zu Boden …

Reisender ergeht sich in den Grünanlagen des Königsschlosses

Zwischen Büschen und Bäumen sah ein Reisender einen Mann mittleren Alters in Gedanken versunken auf einer Bank sitzen. Der Reisende stutzte, näherte sich dem Mann, der seine Aufmerksamkeit geweckt hatte, und bat ihn, kurz neben ihm Platz nehmen zu dürfen, um ein Anliegen mit ihm zu besprechen. Der Angesprochene wirkte erstaunt, war aber einverstanden – zunächst aus purer Neugier, aber auch, weil der Reisende sich nicht nur freundlich vorstellte, sondern auch sympathisch war.

Der Reisende eröffnete das Gespräch mit der Behauptung, vor kurzem mit seinem Banknachbarn Seite an Seite verbracht zu haben – anlässlich der Vollstreckung des Ketzergerichtsurteils gegen einen jungen Portugiesen wegen dessen widerrechtlicher Einhüllung in ein Lammfell.

Der Angesprochene nickte und bestätigte dem Reisenden, ihn jetzt ebenfalls zu erkennen, sodass die Atmosphäre zwischen den beiden Männern einvernehmlich wurde, zumal der Reisende sofort zur Sache kam: „Während der Veranstaltung hatte ich auf Anhieb das Gefühl, etwas würde nicht stimmen. Aber in der verständlichen Aufregung – es war die erste und letzte Inszenierung dieser menschenverachtenden Art, der ich beigewohnt habe –, war ich nicht in der Lage, dieses Gefühl meinem Verstand unterzuordnen.“

Der Banknachbar bestätigte stante pede, es sei ihm ähnlich ergangen, und nun versuchten die beiden Gleichgesinnten, ihre Gedanken und Bedenken in Einklang zu bringen. Beiden waren etliche Ungereimtheiten aufgefallen: Als der gefesselte Delinquent auf dem von Pferden gezogenen Schinderkarren an ihnen vorbeiratterte, verzog er keine Miene. Auch keine Spur von Angst geschweige von Panik war auf seinem Gesicht zu entdecken. Er stand da wie unbeteiligt. Dass er losgebunden, nicht freiwillig zum Scheiterhaufen hinging, war verständlich, aber er musste quasi hingetragen, um nicht zu sagen, geschleppt werden – ein unwürdiger Anblick, der nicht zum Charakter des Delinquenten passte.

Der augenfälligste Widersinn: Vom Feuer des Scheiterhaufens erfasst, tat der Delinquent keinen Mucks, von ausufernden Schreien konnte erst recht keine Rede sein – allenfalls von einem leichten Räuspern, aber dieses Geräusch konnte vom Knistern der Feuerscheite verursacht worden sein.

„Apropos Schreie“, nahm der Reisende diesen Eindruck wieder auf. „Jeder, der bei vergleichbaren, unschuldige Menschen schindenden Zelebrierungen zugegen war, hat von Entsetzensschreien berichtet, die Zuschauern und Zuschauerinnen durch Mark und Bein gegangen sind“, was sein Banknachbar durch Nicken bekräftigte.

Äußerst seltsam, dass die Flammen dem Lammfell nichts anhaben konnten. Nach wie vor blütenweiß, hatte es sich wie zu dessen Verhöhnung neben dem noch schwelenden Feuer ausgebreitet und schien nicht von Funken versengt worden zu sein, sondern diese sogar selbst zu versprühen …

Irgendein beliebiger Zuschauer hatte in den Raum gestellt, der Delinquent sei unter Drogen gesetzt worden, sodass er weder gerührt gewirkt noch Schmerzen gespürt hätte. Auf dem Fuße folgte jedoch der treffende Einwand einer Dame: „Allein schon, um abschreckende Wirkung zu erzielen, werden in solchen Situationen die unglücklichen Betroffenen dem Publikum bei vollem Bewusstsein präsentiert."

Wie Unterhaltungen untereinander während der Veranstaltung ergaben, waren etliche Zuschauer, vor allem Frauen, mehrfach Zeugen respektive Zeuginnen von Hexenverbrennungen gewesen. Woraufhin sich herauskristallisierte, dass viele Leute sich an solchen grauenvollen Zurschaustellungen delektierten und sogar erhitzten, um nicht zu sagen ergötzten.

Nach diesen vielfältigen Eindrücken schien es undenkbar, dass der Delinquent den Flammen zum Opfer gefallen war; es musste eine Larve oder im wahrsten Sinne des Wortes ein Strohmann gewesen sein, zumal nach dem Niederbrennen des Scheiterhaufens keine Knochen entdeckt worden waren, denn Knochen widerstehen jedwedem Feuer …

Der Banknachbar brachte noch einen Aspekt zur Sprache, der dem Reisenden entgangen war: Fraglos hatte es etliche Helfer und Helferinnen gegeben, die eingeweiht und an der Manipulation sogar beteiligt waren: diejenigen, die den Strohmann auf den Wagen getragen und ihn angebunden hatten … jene, die ihn zum Scheiterhaufen gebracht, ihn dort festgezurrt hatten – und schlussendlich der Henker, der den Brand entfacht hatte … dazu etliche Mitläufer.

Die Tatsache, dass niemand Verrat geübt hatte, schien der zusätzliche Beweis dafür, wie verhasst Übeltäter Krapp und wie enorm die Königstreue der Bevölkerung gewesen war.

Nachdem die beiden Nachbarn sich miteinander ausgesprochen und völlige Einigkeit erzielt hatten, kamen sie überein, ihre Bekanntschaft zu vertiefen und verabredeten sich miteinander schon für den übernächsten Tag.

Im Park wurde dem Reisenden eine Überraschung zuteil, im Form eines Geschenks, das sein inzwischen Vertrauter, der sich mittlerweile über die Zusammenhänge schlau gemacht hatte, ihm lächelnd überreichte – ein dem Anlass entsprechendes, selbst verfasstes Gedicht:

Das Ketzergericht
macht ein tumbes Gesicht.
Nicht der angebliche Bösewicht:
Ein Mann aus Stroh,
weiß Gott kein Wunder,
brennt lichterloh
so rasch wie Plunder …
Wie sich später ergab
zum Trotz von Monster Krapp:
Des Hofnarren Carlo fantastische Puppe
spuckte dem wahren Fiesling in die Suppe,
und dann sank Krapp verdient ins Grab …

ZWEITER TEIL
Götterdämmerung über Island

Nach Krapps unseligem Ende setzte König Sandanger als erste Amtshandlung unverzüglich das von Krapp durch Nötigung initiierte, Menschen vernichtende Wolfsgesetz außer Kraft. Die weitere sich daraus entwickelnde positive Folge: Es wurden wieder ausschließlich Kleider, in denen die Menschen sich wohlfühlten oder die sie für ihre Arbeit benötigten, hergestellt und vertrieben; auf diese Weise kam Schritt für Schritt das gesamte Wirtschaftsgefüge wieder ins Lot, und jeder bekam angemessen sein Brot …

Nach wie vor häuften sich Nachrichten, in allen Teilen des riesigen Landes seien – vermutlich als Kontrast und nachträglicher Protest bezüglich der geschassten Wolfsfelle – in Lammfelle gehüllte Leute gesichtet worden. Sogar in der Inselwelt des hohen Nordens.

19. Kapitel:

Sveas brisanter Traum führt zu einer geheimnisvollen Insel

Eines Nachts wurde Prinzessin Svea erneut von einem seltsamen, dieses Mal ausführlichen Traum heimgesucht. Mutterseelenallein trieb sie in einem Nachen auf einem so umfangreichen Gewässer, dass sie es für einen großen See oder sogar für ein Meer hielt. Jedenfalls schien der Horizont so unendlich weit, dass kein Land in Sicht war, und so wurde es der Prinzessin unheimlich, zumal Dämmerung herrschte und der Nachen, von unvermitteltem, sturmartigem Wind getrieben, immer mehr Fahrt aufnahm. Plötzlich gewahrte die Prinzessin an der Trennlinie, von Küstenbewohnern Kimme genannt, zwischen Himmel und Erde einen Schatten, der sich in Windeseile als Küstenstreifen erwies. Wie in manchen Träumen üblich, änderte sich Sveas Traum unverzüglich, indem der Nachen in Sekundenbruchteilen an dieser inzwischen mondbeschienenen Küste strandete. Die Prinzessin atmete auf und vertäute den Nachen an einem großen, am Strand liegenden Baumstamm. Als hätte sie mit diesen Handgriffen die Gezeiten durcheinandergebracht, wich die Flut unverzüglich zurück, und es wurde unvermittelt Tag. Da wendete Svea sich vom Strand ins Landesinnere und geriet in eine felsige Zone, die von Wiesen, Bäumen, Büschen und Sträuchern geprägt war.

Mit einem Mal vernahm sie oberhalb ihres Standortes ein Raunen, das sich in ein heftiges Rauschen verwandelte. Den Kopf in den Nacken werfend, sah sie viele Meter über sich einen mächtigen, ebenfalls viele Meter breiten Katarakt, dessen Wasser dröhnend zu Tal stürzte. Um nicht vom Wasser erfasst und mitgerissen zu werden, hob Svea ab wie ein Vogel und flog mit ausgebreiteten Armen, die sich flugs in Schwingen verwandelten, in eine sandige Ebene, wo sie sich in Ermangelung weiterer Bäume niederließ.

Anstatt Sicherheit zu bieten, öffnete sich der Boden ringsum an vielen Stellen, und die Prinzessin wurde eingerahmt von kleinen Springquellen, bis sich deren auffälligste turmhoch emporwuchtete – ein Erlebnis, einerseits fantastisch, andererseits so furchteinflößend, dass Svea erneut flüchtete.

Plötzlich wurde es schlagartig wieder dunkel, als würden die Tageszeitenwechsel von unsichtbarer Hand gerafft. Da fingen die Springquellen in den Regenbogenfarben an zu leuchten, als wollten sie der verwunschenen Traumprinzessin den Weg weisen; dann hüpften sie um Svea herum wie riesenhafte Wasserflöhe, sodass sie selbst hüpfen musste, damit ihre Füße nicht nass wurden. Erst jetzt sah sie, dass ihre Füße in bunten Pantöffelchen steckten, und unwillkürlich kuschelte sie sich in ihren Bettfedern ein, um sich danach ebenfalls unwillkürlich wieder freizustrampeln.

Daraufhin fand in der nächsten Traumphase die Prinzessin sich übergangslos in einer von düsterem Tageslicht geprägten verschneiten Berglandschaft wieder. Als sie in den Himmel blickte, zogen graue und schwarze Wolken ebenfalls in hohem Tempo über etliche Bergspitzen hinweg. Über einem Bergkegel hatte sich Dunst gebildet, der sich in Rauch verwandelte – wie ein Vulkan, der im Begriff ist, auszubrechen. Neugierig geworden, breitete die Prinzessin wieder die Arme aus, und siehe da, sie konnte wieder fliegen, flog über die Bergwelt hinweg und sah schaudernd, dass in einem Gipfel ein tiefes Loch klaffte. Dieses entwickelte einen Sog, und Svea brauchte alle Kraft, um wieder in die Niederungen zurückzugelangen …

Friedlich wirkte, von hier betrachtet, ein weitläufiger Berghang, zumal er die düstere Atmosphäre erhellte. Doch bei Sveas Blick links den Hang hinauf löste sich eine kleine Schneewelle, sodass die Prinzessin fürchtete, die Welle würde eine Lawine auslösen und Menschen kämen zuschaden, aber sie sah keinen Menschen. Sich persönlich zog sie nicht in Betracht, obwohl sie nicht weit vom Geschehen entfernt war.

In unmittelbarer Nähe der Schneewelle stapfte plötzlich ein kleiner, brauner, putzmunterer Bär gemütlich durch den Schnee. Da rief sie aus vollem Hals: „Halt! Vorsicht!“ Als hätte der Bär die Warnung gehört und die Gefahr erkannt, spitzte er die Ohren, blickte sich kurz zu Svea um und stapfte in höchster Eile in entgegengesetzter Richtung davon.

Svea hatte so laut gerufen, dass sie kurz wach wurde. Sofort schlief sie wieder ein und träumte weiter. Aber sie rieb sich die Augen, denn die Szene hatte sich verändert.

Da die Prinzessin sich mit Bären nicht genau auskannte, war sie überrascht, denn der sich mittlerweile in Sicherheit wiegende Bär richtete sich auf und bewegte sich auf den Hintertatzen fort, aber nicht tapsig, sondern mit anmutigen Bewegungen, und Svea erinnerte sich an einen Tanzbären, der ihr zu Gefallen in einer Tierschau vorgeführt worden war. Aber noch etwas an dem Bären war seltsam: Er schien eine Pelzmütze oder Pelzkappe auf dem Kopf zu balancieren und kratzte sich putzig mit einer Vordertatze unter der Mütze. Dann strebte er mit zügigen Bewegungen einer Felsenwand zu. Diese öffnete sich zu einer Höhle, worin der Bär verschwand. Offenbar wurde er von Gestalten empfangen, die Svea nur schemenhaft wahrnahm, aber für Artgenossen hielt.

Da der Bär nunmehr vor Wind und Wetter, vor der Lawine und dem Anschein nach auch vor dem ausbrechenden Vulkan geborgen schien, war die Prinzessin froh; andererseits war sie traurig, weil das putzige Bärchen ihr in der kurzen Zeit vertraut geworden war und sie es vielleicht nie mehr sehen würde. Schaudernd dachte sie an Jäger, die geflucht hatten, weil ein Bär ihnen entlaufen und nicht mehr vor die Flinte gekommen war.

Mit diesen zwiespältigen Gefühlen erwacht, überlegte die Prinzessin, was der Traum bedeuten mochte. Das unbefriedigende Ergebnis fand sie nicht verdrießlich, schließlich hatte sie zwei gestandene Männer an ihrer Seite, ihren Vater und ihren Verlobten Ramon. Aber wenn es um Traumdeutung ging, griff sie lieber auf Carlo zurück.

Carlo zog die Stirn kraus, überlegte kurz und meinte dann lächelnd, der Traum weise eindeutig auf eine bekannte Insel hin und sagte noch breiter lächelnd zu Svea: „Und du weißt, welche Insel es ist.“ Da Svea den Kopf schüttelte, ergänzte er: „Du hast eine Einzelheit beschrieben, die typisch für diese Insel ist.“

„Das ist mir zu unbestimmt. Hilf mir auf die Sprünge.“

„Du hast von Eis, Schnee und Lawinengefahr geträumt. Das könnte auf den hohen Norden zutreffen, genauer gesagt auf eine Insel im nordatlantischen Ozean.“

Svea überlegte kurz, wobei sie Stirn und Nase kräuselte, und sagte: „Vielleicht die Insel Grönland.“

„Die Idee ist nicht übel. Aber Eis, Schnee und Lawinen gibt es auch auf Spitzbergen und den Lofoten, die allerdings weit östlich von Grönland liegen. Ich gebe dir einen noch spezielleren Hinweis: Du träumtest von Wasserfällen und Springquellen, Springquellen von erheblichen Größenunterschieden. Diese Quellen haben in der Landessprache einen bestimmten Namen.“

Da fiel es der Prinzessin wie ein Schleier von den Augen. „Sie heißen Geysire. Also müsste es Island sein.“ Bisher hatte Svea nur vage gesprochen, aber plötzlich fügte sie temperamentvoll hinzu: „Es ist bestimmt Island, denn die letzte Kunde über Mama stammte aus Island.“

Carlo fand noch einen plausiblen Grund, der auf Island zutraf. „Du hast im Traum über einer Gebirgslandschaft geschwebt und einen Berggipfel mit einem tiefen Loch entdeckt und dich so vor ihm erschreckt, dass du zurückgeflogen bist. Solche Berglöcher gibt es nicht, beziehungsweise man nennst sie anders.“

Erneut überlegte Svea, wie um ein Rätsel zu lösen, dann fragte sie aufs Geratewohl: „Eine Mulde?“

„Entschuldige, es klingt vielleicht wie eine Belehrung, es soll aber nur eine Erklärung sein. Eine Mulde ist eine flache Vertiefung im Gelände wie etwa eine Bodensenke. Da du von Loch sprachst, müsste die Senke tiefer sein, vielleicht sogar steil und düster in den Berg hinunterführen.“

Da schoss es aus Sveas Mund heraus: „Es könnte ein Krater sein“, und sie schien ins Schwarze getroffen zu haben, denn sie bestätigte sich selber: „Mama sprach von einem Krater in Island, der angeblich zum Mittelpunkt der Erde führe.“

Carlo nickte, aber Svea machte einen Einwand geltend: „Mittelpunkt der Erde klingt wie Weihnachtsmann, Osterhase und Klapperstorch. Das sind Kindergeschichten.“

Carlo ließ diese Vergleiche nicht gelten. „Der Hinweis auf den Eingang zum Mittelpunkt der Erde beruht auf einer alten isländischen Sage, dort Saga genannt. Und was den Vulkan betrifft, so könnte die Hekla gemeint sein.“

Svea fand Carlos Einschätzung einleuchtend, schränkte aber ein: „Was hat es denn mit dem Bär für eine Bewandtschaft, ich meine Bewandtnis?“

Nun war Carlo es, der die Stirn krauszog, die durch diese seine Gewohnheit tiefere Falten gebildet hatte, als es seinem Lebensalter entsprach. Dann lächelte er, schien aber gegen seine sonstigen Gepflogenheiten den Faden zu verlieren, und so wirkte sein Lächeln auf Svea verlegen und seine weiteren Worte wie Ausflüchte: „Du hast geträumt, der Bär trüge eine Pelzmütze oder Pelzkappe. Gesetzt den Fall, deine Wahrnehmung oder dein Traum haben dir keinen Streich gespielt und der Bär hätte seine ungewöhnliche Kopfbedeckung gelüftet, um dich zu grüßen, was wäre dann bei ihm zum Vorschein gekommen?“

Für einen Augenblick dachte die Prinzessin: „Zum ersten Mal weiß Carlo nicht weiter und verbirgt seine Hilflosigkeit hinter Albernheit. Als Hofnarr hat er zwar das Recht dazu, aber mir gegenüber sind solche Fisimatenten unangebracht.“ Und so antwortete sie enttäuscht, sogar ungehalten: „Vermutlich wäre sein ebenfalls behaarter Schädel zum Vorschein gekommen.“

Carlo ließ nicht locker und bohrte tiefer: „Warum sollte ein Bär als zusätzlichen Kälteschutz eine Fellmütze tragen?“

Svea zuckte die Achseln, dann wurde sie hellhörig, denn Carlo erklärte: „Weil der Bär vielleicht kein Bär ist“ und fügte wiederum lächelnd hinzu: „Wenn der vermeintliche Bär – vielleicht war es eine Bärin – die Kappe gelüftet hätte, wären vermutlich blonde Haare auf seine Schultern gefallen – wie deine.“ Dann demonstrierte er es, indem er in ihre Haare griff. Die völlig verwirrte Prinzessin schlug ihm auf die Finger, fragte aber dann entgeistert: „Meinst du, hinter der Traumgestalt des Bären hätte sich meine Mutter verborgen?“

Carlo antwortete vergnügt: „Wer sonst? Zumal in Island zwar Stürme brausen, aber vermutlich keine Braunbären hausen, sondern Eisbären.“ Da Svea der Zusammenhang entging, erklärte Carlo: „Deine Mutter ist seit jeher extrem kälteempfindlich. Also trägt sie nicht nur im Winter, sondern auch in anderen Jahreszeiten in kälteren Zonen dicke dunkle Kleidung, und bei Kälteeinbrüchen vermummt sie sich gelegentlich sogar in Pelze. Daher erschien sie dir im Traum als brauner Bär. Es könnte sein, dass sie sich in Island bei einer Expedition in besonders kalten Gefilden verlaufen hat …“

Auch diese Deutung leuchtete der Prinzessin ein, und sie tat Carlo Abbitte wegen ihrer oberflächlichen Fehleinschätzung ihm gegenüber, aber in ihrer Wissbegier stocherte sie naiv weiter: „Was hatte Mama denn bei ihresgleichen in einer Höhle zu suchen?“ Carlo wusste auch auf diese Frage eine plausible Antwort: „In der Traumdeutung stehen Höhlen symbolisch für Unterschlüpfe oder sogar für Unterkünfte. Und weil du dort Artgenossen wahrgenommen hast, war deine Wortschöpfung Bewandtschaft vermutlich ein unbewusster Versprecher für den Begriff Verwandtschaft, und so könnte sie bei Menschen untergekommen sein.“

Prinzessin Svea wog ab: „Deine Deutung ist abenteuerlich, aber nicht von der Hand zu weisen“, aber dann machte sie halbwegs einen Rückzieher: „Andererseits war mein Traum vielleicht kein Lebenszeichen meiner Mutter, sondern nur Tünche auf meine sehnlichen kindlichen Wünsche.“

Carlo wog seinerseits ab: „Die Chancen stehen eins zu eins – Anlass genug für dich, mit deinem Vater dem Traum auf den Grund zu gehen und nach Island zu reisen, zumal von dort die letzte Kunde über deine Mutter zu uns drang." Kurz nachdenkend fügte er eindringlich hinzu: „Vergiss aber nicht, Ramon mitzunehmen."

Die Prinzessin war erstaunt, dass Carlo ihren Ramon ausdrücklich empfohlen hatte; ohne ihn ging sie ohnehin nirgendwo mehr hin. Das sagte sie Carlo auch. Trotzdem fühlte er sich bemüßigt, Ramons Unverzichtbarkeit in Island zu erklären: „Du brauchst ihn unbedingt, damit deine Mutter im Bedarfsfall wiedererkannt werden kann." Da Svea verständnislos dreinschaute, ergänzte er: „Wenn ihr nach deiner Mutter fragt, könnt ihr sagen, sie würde dir aufs Haar gleichen. Aber wenn du nicht dabei bist, müsste dein Vater sie umständlich und nichtssagend beschreiben. Etwa so: ‚Sie ist zierlich, ausgesprochen hübsch, hat lange blonde Haare und blaue Augen …'"

Svea bestätigte Carlos Bedenken: „Du hast Recht; so sehen vermutlich achtzig von hundert Nordländerinnen aus – auch in Island. Mit dieser Beschreibung ist nichts gewonnen. Aber wie soll Ramon helfen? Er kennt meine Mutter nicht."

Carlo deutete auf seinen Hals. „Ramon braucht nur sein Medaillon zu öffnen, und die Leute wissen wegen der fantastischen Ähnlichkeit zwischen deiner Mutter und dir Bescheid."

Da klatschte Svea wegen Carlos Umsicht begeistert in die Hände und fügte hinzu: „Du bist nicht nur als Freund ideal, sondern in diesem Fall sogar genial."

Carlo wiegelte ab: „Als Hofnarr bin ich jederzeit für jeden Schabernack und jede Narretei bereit. Doch wenn es Spitz auf Knopfloch steht und dann hart zur Sache geht, bin ich narrensicher – und zwar gern auch mit Gekicher …“

Da die Prinzessin auch seine in Wortspiele und Reime verhüllten Grundsatzerklärungen liebte, obwohl er diese bisweilen verballhornte, warf sie ihm sogar eine Kusshand zu, verlangte aber von ihm kategorisch: „Wir reisen nicht ohne dich!“

Carlo schüttelte den Kopf und widersprach: „Das wäre ungeschickt. Ich sollte hierbleiben, um während eurer Abwesenheit die alltäglichen Angelegenheiten zu verwalten und die Stellung zu halten.“

Svea betrachtete Carlos Weigerung als Ausrede. Vermutlich wäre er liebendgern mitgefahren, traute sich die anstrengende weite Reise wegen seiner Behinderung jedoch nicht zu, und darauf nahm sie selbstredend Rücksicht. Doch es fiel ihr schwer, denn Carlo besaß weitere Eigenschaften, die ihrem Vater, Ramon und ihr selbst abgingen: etwa seine Schlagfertigkeit. In diesem Zusammenhang fiel ihr ein, dass Carlo mit beißendem Spott oft Missstände angeprangert hatte – vor allem im Zusammenhang mit jenem unsäglichen Unhold, der für diese Missstände Verantwortung trug oder sie sogar unmittelbar verursacht hatte. Leider musste sie in nächster Zeit in den sauren Apfel beißen, auf Carlo zu verzichten, und so wurde die lange Seereise ohne ihn beschlossen …

Selbstredend schloss Ramon sich seiner Verlobten und deren Vater an, zumal er ihnen die Illusionen, die um Königin Lalande kreisten, trotz seiner Bedenken nicht zerstören wollte. Als Ramon naiv fragte: „Falls ich in Island auf Schusters Rappen allein unterwegs bin und auf die

Königin treffen sollte, wie könnte ich sie erkennen“, erinnerte Svea sich an Carlos Vorschlag, deutete lächelnd auf das Medaillon, das an seinem Hals baumelte, und erklärte: „Mein Vater hat dir doch gesagt, dass ich meiner Mutter wie aus dem Gesicht geschnitten bin. Auch wenn Wind und Wetter und die Zeit ihr das eine oder andere Augenfältchen geschickt haben sollten, wird unsere frappierende Ähnlichkeit miteinander immer noch unverkennbar sein. Vielleicht hat Mama sich auch so gut gehalten, dass sie wie eine kaum ältere Schwester von mir ausschaut …“

Nach dieser jungmädchenhaften Antwort hätte Ramon es nicht übers Herz gebracht, die nach ihrem jüngsten Traum besonders stark entflammten Illusionen seiner Verlobten und seines künftigen Schwiegervaters in Schutt und Asche zu legen, also schwieg er und nickte, blieb aber skeptisch …

Am Ziel aller Sehnsüchte

Der erste Eindruck von Island zauberte ein Lächeln auf die Lippen der Prinzessin – nicht etwa, weil sie eine Frau, einen Mann oder ein Kind in einem Lammfell gesehen hätte, sondern in freier Wildbahn eine Schafherde mit vielen Lämmern, einige darunter sogar mit schwarzem Fell.

Schon bald folgten sie den möglichen Spuren, die Königin Lalande und ihr Gefolge hinterlassen haben könnten, indem sie auch im Umfeld des Schlosses, sogar im

Schloss selbst Nachforschungen anstellten. Anfangs gestaltete es sich schwierig, zumal König Sandanger wegen der Verkleidung der Gesuchten nicht unverhohlen nach deren Verbleib forschen konnte. Immerhin erinnerten sich einige Bewohner daran, dass eine Gruppe, der angeblich auch eine junge Frau angehörte, sich gegen den ausdrücklichen Rat Einheimischer aufgemacht hatte, die Gipfel des Gletschervulkans Snæffelsjökull zu erklimmen, um, wie in einer alten Schrift beschrieben, an einem Krater den angeblichen Eingang zum Mittelpunkt der Erde zu entdecken, obwohl die Jahreszeit ungünstig war. Dann folgte die niederschmetternde Nachricht sozusagen aus erster Hand: Die Gruppe, der sich weitere Reisende, vermutlich auch Abenteurer, angeschlossen hatten, war in einen heftigen Eissturm geraten. Die meisten Menschen waren umgekommen und geborgen worden, einige blieben verschollen. Darunter das einzige weibliche Wesen der Gruppe. Das konnte niemand anderes gewesen sein als Sveas Mutter! Nach einem Vergleich mir Ramons Medaillon, das sie herumzeigten, gab es keinen Zweifel: Es war tatsächlich Lalande, und so keimte erneut Hoffnung auf und verstärkte die Nachforschungen von Vater, Tochter und Ramon, dessen Zweifel dahinschmolzen wie Gletscherschnee in der Sonne …

Nach Leerlauf und Unwägbarkeiten gab es einen handfesten Hinweis: Im Gelände des Aufstiegs zum Gletscher war die Rede davon, zur fraglichen Zeit von Lalandes Verschwinden hätte eine angesehene einheimische Familie eine junge, zierliche, fremde, völlig verwirrte Frau aufgenommen – zeitweise war die Patientin bewusstlos, und nach dieser Phase blieb sie sogar ohne Bewusstsein ihrer selbst. Leidlich zu sich gefunden, wirkte sie jedoch schon bald so vertrauenerweckend, bescheiden, liebenswürdig und anspruchslos, dass die Gastgeber sich endgültig ihrer erbarmten und sie unter ihre Fittiche nahmen.

Eine poetisch angehauchte Haustochter vertraute ihrem Tagebuch an: „An manchen Tagen erscheint unser meist in sich gekehrter Gast wie eine ‚Huldre', ein weiblicher nordischer Berggeist – zerbrechlich wie Porzellan und von solch durchscheinender überirdischer Schönheit, dass die Luft in ihrem Duftkreis flimmert, und so fürchten wir, sie würde in Kürze auf Nimmerwiedersehen wie eine Wolke davonschweben …"

Kaum hatte das Trio diese Kunde vernommen, die von einer Poetin verfasst schien, sprang König Sandanger, wie von einer himmlischen Macht emporgerissen, auf und raste, seinerseits wie von einer Wolke getragen, davon. Der Druck, sich zu vergewissern, ließ ihm keine andere Wahl, als auf eigene Faust vorzusprechen, wofür seine Tochter und Ramon so großes Verständnis hatten, dass sie ihm den Vortritt ließen und erst in angemessenem Abstand folgten.

Schon bald entdeckten sie ihn im Vorgarten eines für sich stehenden vornehmen Hauses. Vater hockte auf einem Stuhl und hatte, wie ein kleiner Junge herzzerreißend schluchzend, die Arme um eine ebenfalls schluchzende, immer noch jung wirkende Frau gelegt. Sveas Sommersprossen tanzten auf ihrem Näschen, und Ramon war so gerührt, dass sein Schnauzbart umso heftiger zitterte, da er wochenlang nicht mehr gestutzt worden war.

Kurz und gut: Die königliche Familie war wieder vereint. Einzelheiten zu schildern, vor allem, wie lange es dauerte, bis das Gedächtnis von Königin Lalande wieder einigermaßen reibungslos arbeitete, erübrigen sich. Der genaue Verlauf von Lalandes Schicksal war ohnehin nicht mehr nachzuzeichnen, aber als sie ihren Mann und unmittelbar darauf auch ihre Tochter wiedersah, erlitt sie einen so heilsamen Schock, dass ihr Gedächtnis offenbar sehr schnell in die gewohnten Bahnen zurückfand und wieder auflebte. Doch nach ihrem Abenteuer, das ihr fast zum tödlichen Verhängnis geworden wäre, schien sich ihr Verlangen nach Alleingängen verflüchtigt, sogar in Luft aufgelöst zu haben. Im Übrigen hatte sie Mühe, sich wieder zurechtzufinden. Hilfreich waren natürlich die Nachricht vom tödlichen Kollaps ihres Alptraum-Verursachers Krapp und der Umstand, dass ihr Königreich sich anschickte, neue Blütenträume reifen zu lassen.

Ebenso natürlich drang die Kunde des über alle Maßen freudigen Ereignisses von der wundersamen, scheinbaren Wiedergeburt oder Wiederauferstehung der Königin wie ein Lauffeuer aufs Festland. Ein Witzbold kommentierte die Nachricht: „Ein Lauffeuer von Island aufs europäische Festland? Seltsam. Es schwappt doch jede Menge Meerwasser dazwischen …“

20. Kapitel als Zwischenspiel:

Über ein weites, tiefes Meer in die Heimat zurückgeholt

Ein Schlaukopf unterbreitete im Hafen von Reykjavík, der Hauptstadt der bedeutenden Insel Island, den Vorschlag, anlässlich der Rückfahrt der beliebten und verehrten Königin Lalande nach Europa über den nördlichen atlantischen Ozean ein besonders romantisches Schiff auszuwählen. Daraus ergab sich natürlich die Rückfrage: „Welches Schiff? Du hast dir sicher darüber Gedanken gemacht“, und prompt folgte die konkrete Anregung: „Ein altes Wikingerschiff!“ Einige waren verblüfft, andere lachten.

Prinzessin Svea, Königin Lalandes Tochter, verabscheute es, wenn jemand verlacht wurde, gleich, aus welchem Grund. So verwarf sie das hämische Gelächter, vor allem in ihrer Gegenwart, woraufhin ihr die Aufgabe zufiel, zu erläutern, weshalb der Ratschlag keinen Sinn mache: „Wikingerschiffe haben den Vorzug, aber auch den Nachteil, offene Schiffe zu sein. Sie sind beweglich und schnell, aber es mangelt ihnen an einem Verdeck.“ Um nicht belehrend zu wirken und die Stimmung aufzuhellen, ergänzte sie: „Es mangelt ihnen aber auch an einem Versteck.“ Die Ergänzung: um etwa die Notdurft zu verrichten oder ein Stelldichein zu vereinbaren, verkniff sie sich. Trotzdem war sie es dieses Mal, welche die Lacher auf ihrer Seite hatte, aber es war ein fröhliches Lachen.

Da sprach die Prinzessin weiter: „In ihrer Lage sollte unsere Königin nicht nur allgemein vor Wind und Wetter geschützt werden, sondern im Besonderen vor Regen. Außerdem muss ihr, wann immer ihr danach zumute ist, die Möglichkeit geboten werden, sich zurückzuziehen. Also nehmen wir das Schiff, mit dem wir gekommen sind“, woraufhin die Prinzessin mit brandendem Beifall überschüttet wurde, vornehmlich von Frauen und Mädchen, zumal es in jenen Zeiten üblich war, dass in der Öffentlichkeit Männer nicht nur das Schwert schwangen, sondern auch das große Wort. Ein Witzbold konnte es jedoch nicht unterlassen zu ulken: „Die Prinzessin ist nicht nur schön wie der junge Morgen, sondern auch mit allen Wassern gewaschen …“

Um das Schiff, ein Segelschiff, eine hochbordige Kogge, zumal sie sowohl für die Beförderung von Handelsgütern als auch Personen entworfen worden war, gruppierten sich daraufhin etliche Gaffer und stellten weitere Fragen. Im Umgang mit Menschen inzwischen sehr erfahren und auch bemüht, ihre immer noch anfällige Mutter abzuschirmen, ergriff die Prinzessin auch jetzt die Initiative und fragte in die Runde: „Ahnt ihr, welche Verhaltensmaßregeln uns Mädchen und Frauen von der Reederei vor der Abfahrt nach Island mit auf den Weg gegeben wurden?“

Ruf aus dem Gedränge: „Darauf zu achten, ob ein Donnerbalken eingebaut wurde und, wenn ja, wie man ihn benutzen muss.“ Eine weitere Stimme ergänzte: „Benutzen, ohne zu beschmutzen.“ Erwiderung: einhelliges Gelächter von allen Seiten, sodass die Prinzessin einer unappetitlichen Antwort enthoben war, aber sie war so geschickt, diese nicht gestellte Frage zu umschiffen, indem sie erwiderte: „Dies war das zweite Thema. Der erste Hinweis galt unserer Kleidung. Es hieß, wir sollten auf lange Röcke und Kleider verzichten, sonst würden wir uns auf den schmalen Stufen der kurzen schiefen Treppe mit den Füßen in den Kleider- und Rocksäumen verfangen und es büßen, indem wir kopfüber in den Bauch der Kogge gelangen würden.“ Auch das hatte Gelächter zur Folge, und endlich war die Prinzessin erlöst …

Nach den vielen aufregenden Ereignissen, mit denen sich auch Königin Lalande nach Jahren der Krankheit und Zurückgezogenheit in letzter Zeit hatte auseinandersetzen müssen, und durch die neuen Anforderungen, die an sie gestellt worden waren, hatten ihre zarten Nerven gelitten, also beschlossen ihr Gemahl und die frühzeitig erwachsen gewordene Tochter, der Genesenden wieder Ruhe zu gönnen und sie nur anzusprechen, falls sie spürten, dass sie dafür aufnahmefähig sei oder der Ansprache bedürfe. Oft saß die Königin stundenlang an der Reling und schaute hinaus aufs Meer, ohne merken zu lassen, ob sie etwas wahrnehme oder ob etwas sie bewege. Oder sie hatte die Augen geschlossen, wie im Schlaf, aber vielleicht meditierte sie.

Die Mahlzeiten wurden von ihnen natürlich zu viert eingenommen – wenn das Wetter es zuließ, an Deck: in der Besetzung Königin Lalande, deren Gemahl König Sandanger, beider Tochter – die Prinzessin Svea – und deren Verlobter, der portugiesisch-nordafrikanische Mischling Ramon, von dem nur Eingeweihte wussten, ob

Königin Lalande davon unterrichtet war, welchen Status er genoss, dass er also ihr künftiger Schwiegersohn werden würde. In dessen Gegenwart zeigte sie ihm gegenüber kein Missbehagen, verhielt sich aber reserviert und sprach ihn nicht an; ihrem Gatten und ihrer Tochter gegenüber blieb sie ebenfalls einsilbig, sodass niemand Schlüsse aus ihrem Verhalten bezüglich Ramon ziehen konnte. Und da ihr Gemahl und ihre Tochter die Königin weiter schonen und ihr Gelegenheit geben wollten, sich nach eigenem Bedürfnis ihrer Familie wieder anzunähern, wandten diese sich nur rücksichtsvoll an sie und verstrickten sie in keine heiklen Gespräche – in deren Gegenwart auch einander nicht. So wirkte die Atmosphäre nicht nur friedlich, sie war und blieb es auch. Bis auf eine kleine Rauchfahne, die einem Vulkan der Insel entströmte. Aber inzwischen hatte die Kogge mit vom nordatlantischen Wind geblähten Segeln so viele Meilen zwischen sich und Island gelegt, dass der Vulkan ihr und den Reisenden nichts anhaben konnte. Die Götter des Wetters, sofern es solche gab, waren oft wenig rücksichtsvoll, aber da die Königin nach zahlreichen Expeditionen den Aufenthalt in der Natur gewohnt war, setzte das Wetter ihr nicht mehr zu …

Eines Morgens war die Frühstückstafel an Deck bereits aufgehoben, und König Sandanger und Ramon hatten sich verabschiedet, sodass nur noch die Königin und die Prinzessin an der für königliche Verhältnisse einfachen Tafel saßen und Orangensaft nippten, und sie unterhielten sich leger über moderne hochbordige Koggen. Die meisten Koggen waren als Handelsschiffe gebaut, aber auch diese nahmen etliche Passagiere mit an Bord. Wenn, was nicht selten vorkam, die Kogge randvoll mit Waren vollgepackt war, blieb den Passagieren nichts anderes übrig, als sich nachts auf die Waren zu legen. Handelte es sich um Stoffballen, konnten die Fahrgäste sich bequem räkeln. Aber wehe, wenn die Kogge Holz geladen hatte! Allein schon bei der Vorstellung, auf einem knorrigen Ast oder auf Holzblöcken liegen zu müssen, massierten Mutter und Tochter ihre eigenen zarten Rücken …

Plötzlich erschrak die Prinzessin. War eine Welle über das Deck geschwappt? Nein. Es war auch kein Buckelwal oder Delphin mit dem Schiff zusammengestoßen, zumal diese unterhaltsamen Tiere sich meist in respektvoller Entfernung von Schiffen tummelten und sich in der Rolle, Menschen zu beobachten und von diesen beobachtet zu werden, wohlzufühlen schienen.

Ihre Mutter hatte das Wort ergriffen. Svea war umso erschrockener, aber mehr noch verwundert, weil Mutter zum ersten Mal nach dem Wiedersehen ohne zu stocken sprach, dazu Worte, die Sveas besondere Aufmerksamkeit weckten und eine Erwiderung erheischten: „Kurz bevor ihr kamt, hatte ich das Gefühl, etwas oder jemanden zu vermissen, der mir sehr nahestand."

Da ihre Mutter so viele zudem nebulöse Worte von sich gegeben hatte, fing die Prinzessin sich und erwiderte dem Anschein nach unbefangen: „Mama, das kann nur Papa gewesen sein oder ich."

Als sei sie von jetzt auf gleich völlig wiederhergestellt, antwortete Königin Lalande umfassend, einfühlsam, vielschichtig und zügig: „Nein. Du, als mein Herzenskind, und dein Vater, mein Herzkönig, ihr steht mir nicht nahe: Ihr seid ein Teil von mir. Letzte Nacht habe ich von etwas anderem oder von jemandem geträumt, mit dem ich auf andere Art verbunden war oder immer noch bin und der mich auf die entsprechende Fährte gelenkt hat wie ein Kutscher."

Da Svea ihre Mutter wegen deren rätselhafter Worte noch erstaunter, aber auch erwartungsvoll anschaute, fügte diese hinzu: „Im Traum bin ich durch die Luft geflogen, aber nicht wie ein Adler mit ausgebreiteten Schwingen, sondern sitzend."

Svea war umso aufmerksamer, da auch sie zu ähnlichen, also möglicherweise erblich bedingten Träumen neigte, und so wollte sie wissen, worauf Mama gesessen habe.

Diese überlegte kurz und antwortete dann: „Auf einer Art Kissen."

Prinzessin Svea dachte an die Märchen aus Tausendundeiner Nacht und fragte, ob es ein fliegender Teppich gewesen sein könnte.

„Daran habe ich auch flüchtig gedacht", antwortete die Königin, „aber nach einem plötzlichen Druck oder Ruck hatte ich das Bedürfnis, mich festzuhalten. Dann merkte ich, dass ich mich nicht in lichten Höhen befand, sondern höchstens eine Manneslänge über dem Erdboden. Obwohl ich die Gefahr zu stürzen als gering betrachtete, griff ich vorsichtshalber mit beiden Händen instinktiv nach vorne."

„Hat es dir etwas gebracht, Mama? Hast du Halt gefunden?"

„Ja, aber keinen festen Halt. Ich hatte Stricke in den Händen, genauer gesagt, in jeder Hand einen Strick. Dann tauchte plötzlich vor mir, wie aus dem Nichts hervorgezaubert, ein Hinterkopf auf mit langen hoch stehenden Ohren und ausgeprägtem Nacken. Bevor ich wusste, wie mir geschah, gab es einen weiteren Ruck, und ich hatte festen Boden unter den Füßen."

Nach dieser scheinbar wirren Schilderung schwante der Prinzessin etwas, und sie fragte: „Bist du abgeworfen worden?"

Erneut musste ihre Mutter berichtigen: „Eher abgesprungen. Aber als ich das Kissen suchte, auf dem ich gesessen hatte, entpuppte es sich als Fell mit eisgrauen Haaren. Da ahnte ich, was geschehen war und wem ich es zuordnen konnte – sicher keinem Kutscher – und du wirst es auch ahnen, zumal, wenn du erfährst, dass die Stricke in meinen Händen in Wahrheit Zügel waren. Ich hatte auf dem Rücken meines Lieblings Wildbolz gesessen, aber da sein Fell ergraut war, fürchtete ich …" Nach einer aus ihrer Aufregung erzwungenen Atempause fragte sie wie gehetzt: „Wie geht es meinem Liebling? Er war es doch, auf dessen Rücken ich dahingeflogen bin wie früher über Land oder nicht? Lebt er noch nach den verflossenen Jahren? Wenn – hoffentlich ja –, dann ist er vermutlich alt und grau geworden."

Svea umarmte ihre beunruhigte Mutter, strich mit der Hand ihre Stirn glatt und erwiderte: „Dein Wildbolz macht nach wie vor seinem Namen Ehre. Er lebt und erfreut sich – auch dank unserer Pflege – bester Gesundheit. Er ist zwar ein wenig älter geworden wie wir alle –

entschuldige diese müde Plattitüde – aber nicht alt und grau wie ein Esel, sondern manchmal noch – nomen est omen – ein wilder Bolzen. Allenfalls sein Fell hat ein wenig gelitten und ist eine Nuance stumpfer geworden, vermutlich aus Kummer, weil du so lange verschwunden warst."

„Er hat mich also vermisst." Aus der Art, wie ihre Mutter dies sagte, und deren Gesichtsausdruck entnahm Svea, dass Mutter traurig war, weil ihr Hengst wegen ihrer Abwesenheit gelitten hatte, andererseits freute sie sich, weil er sie vermisst hatte. Die Antwort der Prinzessin fiel genauso zwiespältig aus, wenn auch in anderer Hinsicht. „Zunächst hat er dich kaum merklich vermisst. Wegen deiner zahlreichen Reisen und Expeditionen war er deine Abwesenheit gewohnt. Aber nachdem du allzu lange ausgeblieben bist …"

„Wie hat sich das denn auf ihn ausgewirkt? Sag schon."

So, als hätte Svea sich auf den Augenblick vorbereitet, dass ihre Mutter diese Fragen stellen würde, konnte sie auf Anhieb Rede und Antwort stehen: „Von Tag zu Tag stärker ließ dein Wildbolz den Kopf und die Ohren hängen. Manchmal wirkte er so apathisch, dass seine wachen Augen sich umflorten."

Doch ihre Mutter blieb so ungeduldig, dass sie dazwischenfunkte: „Habt ihr versucht, ihn aufzumuntern? Und wenn ja, wie?"

„Wie du weißt, können wir Menschen den Kummer von Tieren am besten durch die Verabreichung von hochwertigem, bekömmlichem und schmackhaftem Futter mildern. Wildbolz hat zwar Futter nicht verweigert, schon gar nicht frisches, grünes, saftiges Gras auf der Weide, aber sein Appetit war merklich gesunken, und er hat auch zu wenig getrunken. Oder, um es mit einem Wortspiel in der Manier von Carlo zu umschreiben: Sein üblicher Heißhunger war merklich abgekühlt. Was er in der kalten Jahreszeit im Stall vorgesetzt bekam – Heu und Stroh –, betrachtete der verwöhnte Bengel – ich meine dein Engel – natürlich als unzumutbaren Fraß. Also haben wir ihn mit Süßigkeiten aufgepäppelt."

„Igitt. Etwa mit Zuckerstückchen?" Mutter zog wieder die Stirn kraus, und ihre Frage klang entsetzt. Sie merkte nicht, dass sie von ihrer Tochter, aus lauter Freude, dass Mama auch seelisch wieder auf dem Damm war, vorgeführt wurde. Svea lächelte und antwortete begütigend: „Natürlich nicht mit Zucker, sondern mit seinem Lieblingsleckerli."

„Und das ist? Spann mich nicht weiter auf die Folter."

Svea musste sich das Lachen verbeißen, als sie antwortete: „Natürlich mit Marillen-Likörchen", und als sie in das entgeisterte Gesicht ihrer Mutter blickte, alberte sie weiter: „Schon zu deiner Zeit wirkte er putzmunter, springlebendig und heiter, um nicht zu sagen, bisweilen so angeheitert, dass wir unsere Gabe für unverzichtbar hielten, und wenn er von nun an die Worte Likörchen und Prösterchen hörte, spitzte er die Öhrchen."

Endlich merkte Lalande, was Töchterchen Svea mit ihr anstellte, und sie schimpfte gespielt, in entsprechender Gangart: „Eine bedauernswerte, kranke Königin auszuziehen, ich meine, aufzuziehen, ist einer Prinzessin unwürdig." Aber Svea erwiderte schlagfertig: „Ich habe dich nicht in deinem hohen Amt als Königin aufgezogen, sondern als schelmisches Töchterlein meine liebe Mama."

„Das sind Ausflüchte und Spiegelfechtereien."

„Eigentlich habe ich mich nur versprochen. Aber der mir unterlaufene Reim mundet köstlicher als manche Götterspeise."

„Du sprichst in Rätseln – wie manchmal unser Hofnarr Carlo. Von welchem Reim faselst du?"

„Ich wollte nicht Likörchen sagen, sondern Möhrchen. Das ist keine Spiegelfechterei, sondern das ist auch ein Wortspiel. Und apropos Carlo: Er hat mir solche Sachen beigebracht."

Plötzlich wandelte sich die Stimmung ihrer Mutter; sie hatte eine erzieherische Idee und überfiel ihre Tochter ihrerseits auf einfallsreiche Weise: „Likörchen, Möhrchen … Darauf reimt sich, siehe oben, Öhrchen". Und bevor ihre Tochter eins und zwei zusammenzählen konnte, rief Mutter: „Her damit!" Dann zog sie ihr die Ohren lang, woraufhin die gemaßregelte Svea absichtlich kläglich wie ein kleines Mädchen jammerte: „Aua! Aua!" Sie kriegte aber zu hören: „Stell dich nicht so an!"

Die Kabbelei ging noch weiter, denn die Prinzessin rechtfertigte sich: „Ich stelle mich nicht an, es hat tatsächlich sehr weh getan; ich habe nämlich an der Einstichstelle von neuen Ohrringen eine chronische Ohrläppchenentzündung abgekriegt."

Inzwischen hatte ihre Mutter an Wortspielen dieser Art wieder so viel Gefallen gefunden, dass sie prustete: „Ohrläppchenentzündung? Welch ein Malheurchen! Dieses

Histörchen – oder ist es ein Affärchen? Ach nein, das könnte Missverständnisse hervorbringen. Du bist ja verlobt. Jedenfalls müssen wir alles unbedingt und ungeschminkt unserem Pastörchen beichten.“ Dann rieb sie mit dem Handrücken über ihre Lippen, als müsse sie Schminke wegwischen, und beide lachten lauthals, sodass Sveas Näschen sich wieder kräuselte, bis Königin Lalande erschrocken die Hand vor den Mund hielt und dann leise hinzufügte: „Wenn jemand uns belauscht, verlieren wir jeden Respekt. Wir benehmen uns kindischer als unser Gesinde.“

Aber ihre Tochter hatte erneut eine passende Bemerkung parat: „Dann merken die Leute, dass wir, wenn wir unter uns sind, nicht abheben und in überirdischen Sphären schweben, sondern im Alltag wie sie auf dem Boden kleben. Aber zurück zu unserem Wildbolz: Über Möhren hinaus haben wir ihn mit Streicheleinheiten und seiner Lieblingsbeschäftigung von deiner leidigen Abwesenheit abgelenkt.“

„Worauf willst du hinaus, mein Schatz?“

„Pferde sind Lauftiere. Das ist zwar eine Binsenweisheit, aber wir haben dieser entsprochen und Wildbolz täglich durch Ausritte Bewegung verschafft. Auch ich bin auf seinem Rücken schlecht und recht regelmäßig durch Wald und Flur geprescht. Um seine empfindlichen Gelenke zu schonen, habe ich ihn nach deinem Vorbild nicht gezwungen, über Hindernisse zu springen, sondern ihm ermöglicht, sich an Quellen zu laben und dann weiterzutraben.“

Während Sveas Mutter beifällig nickte, zitierte ihre Tochter einen Tierpfleger, den ihr Vater seit einiger Zeit bei Hofe beschäftigte: „Pferde sind zwar sehr sensibel, aber nicht auf Menschen fixiert wie Hunde, und Ausritte in vollem Galopp sind ein gutes Gebaren, körperlich gesunde Pferde vor seelischen Schäden zu bewahren."

Erneut nickte die Königin, und da sie gemerkt hatte, dass auch der Tierpfleger gereimt hatte, fragte sie sich, ob das stimmte oder ob die Neigung zu Reimen ihrer Tochter allmählich in Fleisch und Blut übergegangen war …

Nach diesem ausführlichen, ungezwungenen, sogar lockeren Gespräch über Wildbolz und dessen mutmaßlichen Seelenzustand schien der Bann gebrochen, in dem die Königin bisher noch gefangen gewesen war. Die frische Luft und die familiäre Atmosphäre mit ihrer Tochter trugen zur Genesung der Mutter bei. Aber eine Frage ließ ihr keine Ruhe: wieso sie Wildbolz immer noch vergessen hatte, als sie längst schon wieder mit Mann und Tochter zusammen war.

„Mama, du hast Wildbolz nicht vergessen, sondern in die Tiefen deines Unterbewusstseins verdrängt."

Da Lalande so naturverbunden war, suchte sie bei einem entsprechenden Vergleich Zuflucht: „Wie in einem tiefen See oder einer Erdspalte oder – siehe dein Traum von mir – in einer Höhle?"

Ähnlich empfindend wie ihre Mutter, konnte Svea ohne weiteres auf sie eingehen: „Ja, im übertragenen Sinn."

„Und warum diese Übertragung?"

„Du hattest auch schon Papa und mich im Unterbewusstsein untergebracht, um nicht zu sagen dorthin verfrachtet, weil du die Not, uns dem Anschein nach verloren zu haben, nicht aushalten konntest. Da blieb es nicht aus, dass Wildbolz sogar hineingeraten ist wie in einen Stall. Um bei diesem Bild zu bleiben: Nachdem Papa und ich wieder bei dir waren, hat Wildbolz in seinem Stall mit den Hufen gescharrt, ist Knall auf Fall aus diesem ausgebrochen und, siehe dein seltsamer Traum, in dein Bewusstsein zurückgetrabt oder sogar galoppiert.“

Mutter überlegte einen Augenblick und erwiderte nachdenklich: „Was du sagst, leuchtet ein“, um dann nach einem eindringlichen Blick ins Gesicht ihrer Tochter nachzuschieben: „Da ich so lange nicht bei mir war, habe ich das Gefühl, du bist quasi über Nacht erwachsen geworden und – um bei unseren Vergleichen zu bleiben – an mir vorbeigaloppiert.“

Aber Svea wollte dies nicht gelten lassen und brachte erneut Carlo ins Spiel, der ihr in puncto Traumdeutung mit auf die Sprünge geholfen hatte …

21. Kapitel

Ramons kummervolle Motivsuche und ein wichtiges Gespräch

Als sie noch in Island weilten, fühlte Ramon sich zeitweise fehl am Platz, um nicht zu sagen überflüssig, zumindest von seinem Schatz Svea vernachlässigt. Aber nachdem es ihm gelungen war, sich in die Lage von Vater und Tochter hineinzuversetzen, brachte er Verständnis dafür auf, dass die Königin jetzt Vorrang genoss. Auch die Problembewältigung der früher von Kretin Krapp gestörten Einheit der Familie und des gesamten Kontinents gehörte aus Ramons Sicht einstweilen in den Mittelpunkt. Aber was könnte er tun, um auch sich selbst gerecht zu werden?

Der Widerspruch zu Ramons persönlicher Befindlichkeit: Als europäischer Südländer auf der Pyrenäenhalbinsel geboren, aber mit nordafrikanischen Wurzeln behaftet, war er von Island im hohen Norden zwischen Grönland und Schottland dermaßen fasziniert, dass er das Bedürfnis spürte, auf den früheren Spuren von Königin Lalande, seiner künftigen Schwiegermutter, vor deren Unfall die Insel zu erkunden. So unternahm er – nicht auf eigene Faust, sondern vorsichtshalber in Begleitung Gleichgesinnter und einiger Abenteurer – Expeditionen zu Islands zurzeit leuchtendem Berg Kirkjufell, von dem später noch ausführlich die Rede sein wird. Zunächst erkundete er jedoch den in einer besonders vielfältigen Landschaft eingebetteten Myvatn-See. Die Landschaft war von bizarrem Lavagestein geformt – nicht zuletzt und noch augenfälliger von rauschenden, in die Tiefe stürzenden Wasserfällen. Von in der Sonne glitzernden Eiszapfen umgeben, boten sie ein besonders romantisches Bild und schienen wie geschaffen, auf eine Leinwand gebannt zu werden. Wobei Ramon sich fragte, wie der landschaftliche Gegensatz zu dem in Höhlen und Felsspalten brodelnden, siedenden Wasser vulkanischen Ursprungs malerisch bewältigt werden könne.

Über seinen Beruf als Goldschmied hinaus hatte er sich ausgiebig mit Miniaturmalerei befasst. Nicht von ungefähr war es ihm auf Anhieb gelungen, das Antlitz von Prinzessin Svea, sogar aus dem Gedächtnis, in ein Medaillon zu übertragen, das er von Stund an immer bei sich trug. Aber er fertigte auch Illustrationen und malte Bilder und Gemälde, vorwiegend landschaftliche Motive. Island war überreich, Ramons diesbezüglichen Neigungen Nahrung zu bieten. Aber es war ihm schier unmöglich, im Rahmen exotischer landschaftlicher Erkundungen eine Staffelei und Farbutensilien mitzuschleppen. Da kam ihm sein hervorragendes Gedächtnis entgegen. Es genügte ihm, unterwegs Notizen zu machen und kleine Zeichnungen zu fertigen; umsetzen könnte er es später, auch schon an Deck der Kogge während der langen Rückreise auf See. Platz, um Bilder und Gemälde zu verstauen, bot die Kogge, da sie wie beschrieben auch Handelswaren hätte befördern können. Die königliche Familie wusste von seinen Ambitionen und respektierte diese. Dass diese Ambitionen inzwischen so tief reichten wie das nordatlantische Meer, würde ebenfalls respektiert werden, zumal, wenn die königliche Familie während der Seefahrt täglich Zeuge von seiner Umsetzung werden würde. Ramons Selbstvertrauen und Selbstbewusstsein stimmten also überein, anderenfalls hätte er sich nicht getraut, der Prinzessin unter die Augen zu treten und später um sie anzuhalten …

Nachdem sich während des Gesprächs an Deck der Kogge zwischen Mutter und Tochter herausgestellt hatte, dass die Königin wieder nahezu voll belastbar war und es auch zu Gesprächen über Ramons künstlerische Pläne und deren Umsetzung an Bord gekommen war, entspann sich dort auch zwischen der Königin und Ramon ein aufschlussreiches Zwiegespräch. Ihrer Art entsprechend sprachen sie nur kurz über den Alltag und das Wetter und drangen dann tiefer.

Bisher zu ihr weitgehend auf Abstand geblieben, fasste Ramon sich nunmehr ein Herz und fragte die Königin, wie sie zu ihm stehe. Königin Lalande bestätigte, dass es bei vielen gesellschaftlich hochgestellten Persönlichkeiten üblich war, meist aus politischen oder wirtschaftlichen Erwägungen heraus, über den Kopf ihrer Kinder hinweg zu entscheiden, welchen Partner oder welche Partnerin sie ehelichen dürften, auch ohne deren Gefühle zu berücksichtigen.

Wörtlich sagte die Königin jedoch zu Ramon: „Schon nach Sveas Geburt stand für meinen Gemahl und mich fest, dass unsere Tochter einzig und allein ihrem Herzen folgen darf, und, was dich betrifft, begrüßen wir beide Sveas Wahl ausdrücklich.“ Noch bevor Ramon überlegen konnte, ob sie ihm nur eine Nettigkeit sagen wollte oder ob mehr hinter ihrem Kompliment steckte, fügte sie, ihm in die Augen sehend, hinzu: „Aus gutem Grund.“

Selbstredend wollte Ramon diesen Grund erfahren und lauschte gespannt den Ausführungen der Königin: „Zunächst die Äußerlichkeiten: Du siehst gut aus, hast Manieren, bist gebildet und sympathisch …“

Das wichtigste, Ramons Charakter betreffend, führte sie ebenfalls aus. Weil er sich trotz des Wolfsgesetzes herausgenommen hatte, ein Lammfell zu tragen, war er zum Tode auf dem Scheiterhaufen verurteilt worden. Der Verantwortliche, Übeltäter Krapp, hatte ihm die Chance eröffnet, sein Leben zu retten, falls ein Ersatzmann gefunden würde. Doch dies wäre nur durch hinterhältige, niederträchtige, heimtückische Weise möglich gewesen. Ramon hatte rundheraus abgelehnt. Dass ein Unschuldiger anstatt seiner sterben sollte, war Ramon keinen Gedanken wert. Entweder er würde befreit, anderenfalls ließe er sich auf dem Scheiterhaufen den Flammen überantworten. „Christus hat sogar selbst das Kreuz auf den Berg geschleppt, an das er genagelt werden sollte …“ – Irgendwer zog diesen Vergleich, den Ramon sogleich verwarf.

Für Lalande und Sandanger war Ramons Haltung wie einst auch für Carlo eines Königs würdig. Ramon schwächte jedoch erneut ab: Für ihn war es selbstverständlich, nicht zuzulassen, dass ein anderer für ihn geopfert würde.

Eine Steigerung der Qualität dieses Gesprächs war eigentlich nicht möglich, aber sie gelangten doch noch auf eine andere niveauvolle Ebene. Nachdem ihnen nach der erhitzten Unterhaltung an Deck der Kogge Erfrischungen gereicht worden waren und auch der Wind eine weitere Abkühlung gebracht hatte, begann Königin Lalande vorsichtig: „Im Zusammenhang unseres Gesprächs habe ich etwas läuten hören."

Um eine mögliche Spitzfindigkeit zu unterwandern, scherzte Ramon: „Die berühmt berüchtigte Islandglocke?"

Königin Lalande verneinte: „Die Islandglocke läutet nur, wenn nach Einberufung eines Things ein wichtiges Urteil zu verkünden ist."

„Was gilt als wichtig? Wenn es um Leben und Tod geht? Dann hätten wir sogar eine Fortsetzung unseres Gesprächs von eben."

Die Königin bestätigte und schloss die heikle Frage an: „Stimmt es, was die Spatzen von den Dächern pfeifen? Hast du etwas mit dem Tod des Kretins Krapp zu tun?"

Ramon stellte eine Gegenfrage:„ Haben dein Gemahl und deine Tochter dich nicht ins Bild gesetzt?"

„Nur vage, ich möchte es unmittelbar von dir hören."

„Nach dem, was du eben über mich verlauten ließest: Kannst du dir vorstellen, ich brächte es fertig, jemanden zu töten oder hätte es sogar getan?"

Falls die Königin damit gerechnet hätte, dass Ramon mit der floskelhaften Redensart fortführe: „Ich kann keiner Fliege etwas zuleide tun", würde sie ihn unterschätzt haben. Er suchte Zuflucht bei einem anderen Vergleich, wonach sie sich fragte, ob dieser in ähnlicher Lage in seiner Heimat gebräuchlich sei oder ob Ramon diesen Vergleich in seiner kreativen Art eigenhändig aus dem

Ärmel gezaubert habe: „Ich würde keinem Tausendfüßler auch nur einen Zeh krümmen und keiner Kreuzotter in den Rücken fallen …“

Zunächst war die Königin verblüfft, aber als sie merkte, dass Ramon sich nicht aus der Affäre ziehen wollte, ließ sie ihn weitersprechen: „Getötet habe ich Krapp nicht, trotzdem habe ich, insoweit gebe ich dir Recht, mit seinem Tod zu tun. Indirekt wird also ein Schuh daraus, und für ihn wurde es ein Graus, sogar der Garaus. Als Krapp mich leibhaftig vor sich sah – mich, den er für tot hielt –, bekam er einen solchen Schrecken, dass er tot umfiel. Ich war daran nicht schuld, gab aber den Anlass.“ Aber da er nun seine Miene verschloss, sah sie keinen Anlass, noch ein weiteres Wort über die politische Akte Krapp zu verlieren.

Nachdem beide eine Zeit lang geschwiegen und das Besprochene verarbeitet hatten, sagte die Königin: „Gestatte mir noch einen Satz zu uns beiden. Von deinem Äußeren und deinem Charakter abgesehen, hast du noch etwas, mit dem du offene Türen bei mir eingerannt hast. Dein starkes Interesse an Kunst im Allgemeinen und an der Malerei im Besonderen. Die teilst du mit mir, mit dem Unterschied, dass ich nur Bilder und Gemälde sammele, aber du bist Kunsthandwerker vom Scheitel bis zur Sohle: Du bist Goldschmied und malst – angefangen von Miniaturen, siehe das Medaillon, mit dem du meine Tochter eingefangen hast, bis hin zu Illustrationen, Bildern und Gemälden …“ Nach einer Kunstpause fügte sie nachdenklich hinzu: „Ich habe auch schon eine Idee, was wir gemeinsam daraus machen könnten …“

Während die wiedervereinigte königliche Familie mit Ramon an Land kam und wieder festen Boden unter den Füßen spürte, wurde Königin Lalande vom Volk frenetisch gefeiert. Wiederum angeblich hatte der umtriebige Hofnarr Carlo schon vor der Islandreise längst einen Wink bekommen, wie es um die Königin bestellt war, diesen Wink aber beiseitegeschoben wie eine Portiere im Palast, um bei Vater und Tochter keine Hoffnungen zu wecken, die vielleicht Schall und Rauch gewesen wären …

Nicht lange danach bat der Wirtschaftsminister – seine Position war neu geschaffen worden – König Sandanger um eine Audienz. Erfinder Janosch hatte sich mit aufschlussreichen Neuigkeiten gemeldet. Er hatte Kontakte geknüpft, beziehungsweise Kontakte waren mit ihm geknüpft worden von äußerst zahlungsfähigen Kunden – auch aus dem Orient und aus China –, die daran interessiert waren, Burgen und Schlösser käuflich zu erwerben. Für den König bedeutete dies: Durch Abschluss solcher Geschäfte, die auch Gemahlin Lalande befürwortete, würden auf Dauer auch die wirtschaftlichen Verhältnisse der königlichen Familie weiter ins Gleichgewicht kommen. Einen testamentarisch verfügten Nachlass von Krapp schien es nicht zu geben; seine Verhältnisse blieben wie der Mensch an sich, auch über dessen Ableben hinaus, völlig undurchsichtig …

22. Kapitel

Der glücklichste Tag im Leben des Hengstes Wildbolz

Tage zuvor wirkte Wildbolz unkonzentriert, fahrig und so aufgeregt, als hätte er das Wiedersehen mit seiner Freundin und Herrin gewittert. Aus wenigen Metern Entfernung nahm er äußerlich kaum eine Veränderung an ihr wahr, sie verströmte allenfalls einen andern Duft als früher – vermutlich hervorgerufen durch ein anderes Erfrischungswasser. Er hob den Kopf; seine Ohren richteten sich auf und spielten mit dem Wind. Eine so befreiende Reaktion, entstanden durch die Abkoppelung des Drucks ihrer Abwesenheit, hatte er noch nie gezeigt. Der Pfleger konstatierte in Gedanken über Wildbolz Witterung: „Der natürliche Duft, den die zarte Haut der Königin aus jeder Pore verströmt, nimmt nur Wildbolz wahr und macht Lalande für ihn einzigartig. Ihr Erfrischungswässerchen, von etlichen Menschen vielleicht als aufdringliche Essenz empfunden, kann den natürlichen Duft ihrer Haut in den Nüstern von Wildbolz nicht übertünchen. Und so gibt es keinen Zweifel daran, dass er sie wiedererkennt."

Wildbolz' weitere Reaktion: Obwohl er durch fortgeschrittenen Reifeprozess im Alltag ruhiger und gelassener schien als in seiner Jugend, gebärdete er sich umso freudiger und temperamentvoller, als Lalande unmittelbar vor ihm stand. Außer Rand und Band stampfte er mit den Hufen, stieg empor, ruderte mit den Vorderhufen, riss den Kopf hoch und wieherte lauthals, als wolle er seine freudige Ekstase hinauslachen. Dann geschah ihm, was ihm noch nie geschehen war. Außer sich geraten, wälzte er sich glückselig im Gras. Nachdem er sich aufgerappelt hatte und als sie ihn tätschelte, rieb er seine zitternden, dampfenden Nüstern an ihrer Schulter und tänzelte …

Manch einer hielt die Schilderung dieser Szene für überzogen oder sogar für an den Haaren herbeigezogen. Andererseits kannten mit dem Hengst vertraute Leute auch seinen einzigartigen Charakter. Nicht von ungefähr hatte ein Mann aus dem Umfeld des Hofnarren Carlo mit dem Namen des Hengstes ein lustiges Anagramm gezaubert: Wildbolz verwandelte sich in Witzbold …

In ihrer Aufregung kam Svea noch einmal auf ihr Gespräch mit ihrer Mutter auf dem Schiff zurück. „Zunächst habe ich es nur gehofft und dann geahnt. Auch durch entsprechende Träume, die ich dir erzählt habe, war ich später fast davon überzeugt, du hättest überlebt, aber unser Wildbolz hat es sogar gewusst.“

Mutter wollte den jugendlichen Elan und die Zuversicht ihrer Tochter nicht zügeln, erst recht verkniff sie sich belehrende Ermahnungen und beschloss, sich mit vagen Einschätzungen zurückzuhalten, zumal es wie bewiesen nicht ausgeschlossen war, dass Sveas Zuversicht gesiegt hatte. Auch wegen Wildbolzens Wiedersehensfreude schäumte nun auch ihre königliche Freude über …

23. Kapitel:

Im Königsschloss wird eine Gemäldeausstellung gezeigt

„Hochverehrte liebe Leut':
Endlich ist es heut so weit
erstmals für die Öffentlichkeit.
Für alle, die auf zwei Beinen gehen und stehen,
auch für solche, welche Gehstützen benützen
oder reiten können, hoch zu Ross.
Auch für Kinder und arme Sünder
wird unsre schöne weite Welt
ganz kostenlos im Königsschloss
auf vielen Bildern vorgestellt ..."

Diese Ankündigung war dank des Erfinders der maschinellen Vervielfältigungs-Kunst Janosch in einer kleinen Einladungsbroschüre gedruckt und hatte zahllose neugierige Besucherinnen und Besucher von nah und fern angelockt.

Den geringsten Eindruck hinterließ die Ahnengalerie auf der zweiten Empore – auch für die Aussteller selber. Andererseits waren die Ahnen unverzichtbar. Eine junge Besucherin ließ sich vernehmen: „Ohne Ahnen gäbe es keine Nachfahren."

Eine Gegnerin, welche die Sprecherin als Phrasen dreschende Schlaubergerin wertete, höhnte: „Woher weißt du das?“

Jene antwortete schlagfertig: „Weil du es mir anvertraut hast …“

Als Prunkstück der Ausstellung war im Parterre ein Saal mit Bildern und Gemälden ausgestattet, die Königin Lalande einst von ihren zahlreichen Reisen und Expeditionen durch Europa mitgebracht hatte. Den meisten Anklang fanden Landschaftsgemälde von den Küsten, etwa von der Küste der Bretagne am stürmischen Atlantik und von den Fjorden in Norwegen, also hoch im Norden – als Kontrast zum milden Mittelmeer, das nach naiven Vorstellungen zwischen Südeuropa und Nordafrika wie aus einem Badebottich in den Atlantik hineinschwappte, neugierig beobachtet von einer Horde Affen vom Gibraltarfelsen aus.

Weitere Bilder und Gemälde enthielten Motive von den Schweizer Alpen im Allgemeinen, vom Matterhorn in den Walliser Alpen und vom Eiger Schneegipfel in den Berner Alpen im Besonderen, weiterhin vom höchsten Gipfel Europas, dem Montblanc alias Weißer Berg in einer total vergletscherten Gebirgsgruppe; vom Großglockner in den Hohen Tauern als höchstem Berg Mitteleuropas und von der vergleichsweise niedrigen, in „nur“ 3000 Metern emporragenden Zugspitze in Deutschland, das in besagter Zeit noch nicht existierte. Der Mont Saint Michel wurde in erster Linie gezeigt, weil er eine Augenweide war. Nicht zu vergessen die Sierra Nevada auf der Pyrenäenhalbinsel, wo Ramon herkam – weiterhin die Karpaten, ein stark bewaldeter und an vielen Stellen düsterer Gebirgszug, eingerahmt von der Ungarischen Tiefebene und Siebenbürgen. Ein Bild von Krapps Karpatenschloss war in bezeichneter Tiefebene auf Nimmerwiedersehen hinabgestürzt. Ein Abbild vom Kaukasus, dem berühmten Hochgebirge zwischen Kaspischem und Schwarzem Meer, war jedoch erhalten geblieben. Auch einfachere Motive waren zu bewundern wie Bilder von schönen Frauen in grünen Auen, von ebenfalls grünen Wäldern und blühenden, im Wind wogenden gelben Kornfeldern.

Die Säle des Schlosses wären geborsten, wenn weitere Bilder und Gemälde ausgestellt worden wären – wie auch diese Textpassage bersten würde. Und es ist zu vermuten, dass Königin Lalande noch zusätzlich ungenannte Ziele verwirklicht hat. Was sie noch unternehmen und zeigen wird, steht in den Sternen …

Ein Gemälde hing etwas abseits und schien soeben erst einen würdigen Platz mit einer angemessenen Beleuchtung gefunden zu haben. Es zeigte Kirkjufell, den bereits erwähnten mittelhohen Berg Islands in Abend- und Nachtstimmung. Nicht nur hoch über dem Berg, auch vor ihm sammelten sich fantastische Polarlichter, die dem Vernehmen nach bisher noch nie in dieser Weise auf eine Leinwand gebannt worden und in Natura nur vor Ort am Berg zu sehen waren. Da dieses Gemälde offenbar aus Island mitgebracht worden war, kam die Frage nach der Urheberschaft auf. War Königin Lalande die Künstlerin?

Carlo – Hofnarr, Puppenspieler und Schirmherr der Ausstellung, vermutlich auch Verfasser der Einladungen – gab bereitwillig Auskunft und kleidete diese in die ihm gemäße Art: „Unsere Königin, in vielen Sätteln gerecht, reitet ohne Zweifel wie der Teufel und voller Stolz ihren Wildbolz. Vielleicht malt sie im übertragenen Sinn auch schon mal den Teufel an die Wand. Doch die handwerkliche Fähigkeit zu malen, ist ihr leider nicht in die Wiege gelegt worden, und sie hat diese Fähigkeit auch nicht erworben; aber das ist kein Mangel, sie ist anderweitig ambitioniert. Der Künstler ist ein Ausländer …"

Vergeblich suchten die Betrachter nach einer handschriftlichen Signatur. Da verwies Carlo auf einen kleinen Wolf und ein kleines Lamm, die friedlich auf einer Seite des Bildes Fell an Fell und Flanke an Flanke miteinander grasten, und er enttarnte als Künstler Ramon. Carlo gab jetzt auch der Öffentlichkeit preis, dass Ramon in seinem privaten Umfeld daheim nicht nur als Goldschmied bekannt war, sondern auch als Miniaturmaler und Illustrator. Zum Exempel nannte Carlo das Medaillon mit Prinzessin Sveas Antlitz, das Ramon in seiner Verliebtheit schuf und Tag und Nacht um den Hals trug.

Selbstredend erhob sich aus dem Publikum die Frage, was es mit den Wölfen und Lämmern für eine Bewandtnis hatte. Und so wurde den Besuchern die Anspielung bewusst, dass Ramon gegen gesetzliches Verbot ein Lammfell getragen hatte und deshalb auf einem Scheiterhaufen verbrannt werden sollte. Aber auch, dass nach seinem Spiegelbild eine Wachspuppe geschaffen worden war, die in den Flammen des Scheiterhaufens dahinschmolz, sodass Ramon davonkam. Als der für das grausame menschenvernichtende Gesetz verantwortliche Bösewicht Krapp geraume Zeit später mitansehen musste, dass das vermeintliche Opfer Ramon überlebt hatte, erlitt er einen solchen Schock, dass er auf der Stelle tot zusammenbrach. Einige Besucher beanstandeten oder nahmen sogar Anstoß an Carlos Erklärungen: „Warum erzählst du das? Das wissen wir doch längst“, andere widersprachen: „Unser Reich ist so unermesslich, und es sind so viele Besucher aus entlegenen Gebieten hier, dass sie es nicht wissen können und die Anspielungen ohne Erklärung nicht verstehen würden.“ Womit Carlo nicht rechnete, was er aber, wenn auch, ohne Reaktionen zu zeigen, wohlwollend zur Kenntnis nahm: dass er mit seinen Erläuterungen immer noch Schmährufe gegen Krapp auslöste.

Nachdem die Wogen sich geglättet hatten, kam wegen des Bildes die Frage auf: „Nordlichter tauchen für gewöhnlich hoch am Himmel auf. Warum platzierte der Maler die Lichter in den Vordergrund des Berges Kirkjufell? War es eine Inspiration?“

Prinzessin Svea, die von der Menschenschlange vor dem Gemälde angelockt worden war, verneinte: „Ramon hat es tatsächlich so wahrgenommen und später auf die Leinwand übertragen.“

Als Nichtfachfrau konnte sie Zweifel nicht ausräumen, zumal ein Besucher für denkbar hielt, es handele sich um eine Luftspiegelung alias Sinnestäuschung. Von so einer Fata Morgana war der Besucher in der Wüste Sahara genarrt worden. Gefragt, was er gesehen hätte, erzählte er, was leider nicht wörtlich überliefert ist: Durch Wüstensand watend, nahm er am späten Vormittag innerhalb einer Fünfergruppe am Horizont eine Reihe von Palmen wahr, deren

Kronen in flimmernder Luft leicht hin und her wogten, wie vom Wind bewegt. Nach wenigen Minuten wurde die Luft immer undurchsichtiger, bis die Erscheinung sich auflöste und sich als Sinnestäuschung entlarvte, was sich im Nachhinein bestätigte, nachdem die Gruppe sich bezüglich ihrer Wahrnehmungen miteinander abgestimmt hatte.

Etwa eine Stunde später an ihrem Ziel angekommen, wurden die fünf Personen mit dem gleichen Bild konfrontiert, aber es flimmerte nicht, sondern blieb stabil. Also war es kein Bild, und die Gruppe hielt darauf zu, sodass die Palmen sich immer größer und deutlicher abhoben. Schließlich stand die Gruppe leibhaftig vor einer Oase, die sie angepeilt und von der aus sich Stunden zuvor die Spiegelung zweifellos entwickelt hatte.

Eine Ausstellungsbesucherin beendete die Diskussion, indem sie sagte: „Ob Fantasie oder Realität, dieses Gemälde spricht in jedem Fall für künstlerische Genialität", und sämtliche Betrachter, die sich vor dem Gemälde versammelt hatten, pflichteten ihr bei …

Zum Thema Nordlichter hatte ein norwegischer Dichter noch etwas beizutragen – seine spätabendliche Wahrnehmung von einem Schiff: „Über den Lofoten schwebend, es kann aber auch über Spitzbergen gewesen sein, wirkte das Nordlicht wie ein milchig grauer, hellgrüner Nebel, der, allmählich aufgekommen, sich plötzlich schneller und abenteuerlicher veränderte, als von starkem Wind getriebene Wolken, sodass Abschnitte dieser Gebilde sich auch in den Ebenen absetzten. Während das zentrale Nordlicht noch am Himmel trieb, zuckten hin und wieder kleine helle Blitze durch diesen Lichtnebel wie kleine Sterne oder

Sternschnuppen. Irgendwann brach sich der bisher von tatsächlichen Wolken verborgene Vollmond Bahn, aber mit seiner krassen hellen Erscheinung wirkte er aufdringlich und störte das bisher romantische Bild …“

Was Ramons Gemälde betraf: Je nachdem, ob von außen eine Lichtquelle darauf schien oder ob es angestrahlt wurde, unwillkürlich oder gezielt, schien das Nordlicht sich ebenfalls zu verändern, zumal, wenn flackernde Kerzen mit im Spiel waren. Jedenfalls waren die Besucher begeistert.

Später entdeckten sie noch ein Bild von Ramon: Es zeigte, wie bereits beschrieben, Motive von Islands Myvatn-See, auch dieses Bild signiert mit einem friedlichen Wolf, aber dessen Begleitung, ein Lamm, wirkte verdrießlich. Oder war es dem Wolf gegenüber misstrauisch …?

Viele Bilder und Gemälde bestechen durch Motive, Komposition und Farben, können aber statisch wirken. Auf Ramons Exponaten wurde Geschehen sichtbar. Ein Betrachter schilderte das Geschehen auf einem Bild, das eine Winterlandschaft einfing, so: „Zwischen zwei Gebirgszügen bahnt ein Gletscher sich einen Weg ins Tal.“ Eine neben ihm stehende Dame hielt dagegen: „Diese Beschreibung klingt mir zu dynamisch. Nach meinem Empfinden gleitet der Gletscher genüsslich hinab …“

24. Kapitel:

Carlo plant über das Ende der Mär ein possenhaftes Puppenspiel

Nachdem sich die Wogen nicht nur des Atlantik geglättet hatten, sondern auch der aufgerührten Menschenseelen, fragte Carlo die nach der Heimkehr ihrer Mutter im siebten Himmel schwebende Prinzessin: „Was hältst du davon, wenn ich über euer familiäres Zusammenfinden ein Puppenspiel inszeniere? Da es auch für Kinder gedacht ist, sollte es unterhaltsam und lustig sein – vielleicht mit kräftigen Prisen Possenhaftigkeit gewürzt wie mit Petersilie und Paprika."

Svea war sofort Feuer und Flamme, erhob aber die Bedingung, das Puppenspiel mit den beteiligten Personen abzustimmen, damit es tatsächlich lustig und niemanden kränken würde. Selbstverständlich war Carlo einverstanden …

Um es rund zu machen, beginnt der letzte Akt des Spiels in jener Stadt, in der auch die Märchenerzählung begonnen hat: in Lissabon. Wie damals fährt die Kalesche der königlichen Familie durch die Straßen. König Sandangers Platz zur Rechten bleibt vorläufig leer – als Zeichen dafür, dass dieser Platz nach wie vor für die verschollene Königin Lalande reserviert ist. Um diesen in seinem ursprünglichen Zustand zu erhalten und für sie angenehm zu gestalten, falls sie tatsächlich wieder auftauchen würde wie eine Najade aus den Fluten des Stromes Tejo, ist ihr Sitz mit einer flauschigen Decke ausgestattet, und da aus dem wolkenlosen Himmel die Sonne scheint, schwebt über dem Sitz ein Baldachin, damit im Falle des Falles die Königin sich nicht mit einem sperrigen Sonnenschirm plagen müsse. Alles wie ehedem.

Viel gespannt gaffendes Volk säumt den Weg, den die Kalesche nimmt. Plötzlich kommt Unruhe auf, aber nicht durch ein Gewitter: Ein feuriger Rappe prescht hinter der Kalesche her, überholt sie, stellt sich quer und bringt die Rosse, welche die Kalesche ziehen, „Brrr!“ zum Stehen.

Auf dem Rücken des Rappen sitzt ein schlankes, zierliches Persönchen, und da es in ein langes weißes elegantes Sommerkleid gehüllt ist und es sich im Damensitz bequem gemacht hat, verbirgt sich hinter der Aufmachung vermutlich ein junges Mädchen oder eine junge Frau. Wer sich hinter der Verkleidung verschanzt, ist nicht zu erkennen, zumal die Person auf dem Kopf einen großen hellen Hut trägt und ihr Gesicht verschleiert ist.

So schnell die Verkleidung es zulässt, gleitet die Person graziös vom Rücken des Rappen hinab und redet kurz mit dem Knappen alias mit dem Kutscher. Dieser steigt vom Kutschbock, hilft dem Persönchen in die Kalesche und sorgt dafür, dass ihr Kleidersaum weder über den staubigen Boden schleift noch sich in den Rädern der Kalesche verfängt.

Bevor die Gesellschaft in der Kalesche und das zahlreich erschienene Publikum überlegen können, was sich vor ihnen abspielt, erdreistet sich das Persönchen, sich vor den für Königin Lalande reservierten Sitz zu begeben, reißt sich das Krönchen – nein, den Hut samt Schleier – ab und …

Für einen kurzen Moment herrscht allgemeine Schockstarre, dann tobt das Volk stärker als der Atlantik, wenn er, vom Sturm gepeitscht, die Ufer überströmt. Vor Königin Lalandes Platz steht niemand anderes als Lalande höchstpersönlich – mit einem Lächeln, das strahlender wirkt als die Sonne. Bisher hat es sich noch nicht bis in den Süden Europas herumgesprochen. Vielleicht ist die tolle Nachricht, dass Königin Lalande nicht mehr verschollen, sondern wie aus einer Diaspora zurückgekehrt ist, absichtlich zurückgehalten worden.

Das wilde Händeklatschen wird plötzlich durch das Rufen des Namens der Königin abgelöst: „LALANDE!" Dann klingt es in rhythmischem Stakkato nur noch „LALANDE! LALANDE! LALANDE!" Minutenlang.

Mit einem Mal ertönt seltsame Musik, wie sie sonst nur bei einheimischen Veranstaltungen gespielt wird. Eine junge grazile Frau, in ein eng an ihrem gertenschlanken Körper haftendes buntes Kostüm gezwängt, tanzt so ausdrucksstark und wild vor der Kalesche, dass die Rosse scheuen – zumal die Tänzerin ein großes rotes Tuch schwingt und einen bulligen Tänzer vorführt. Dessen Schädel ist durch einen Tierkopf mit zwei spitzen Hörnern verbrämt, die sich in dem roten Tuch verfangen. Die Volksmenge lacht und johlt, dann intoniert sie plötzlich rhythmisch immer wieder „OLÉ! OLÉ! OLÉ!"

König Sandanger hat sich völlig konsterniert von seinem Sitz erhoben. Ramon – als Verlobter längst auf der Kalesche heimisch geworden – ist ebenfalls aufgesprungen, und weil er sich die wallenden schwarzen Haare rauft, fällt nicht auf, dass sein Schnauzbart wieder nervös ruckt und zuckt. Endlich hat sich auch die freudig erregte Tochter der Königin, Prinzessin Svea, erhoben, und nun ist für jedermann und jede Frau und jedes Kind ersichtlich, dass Mutter und Tochter – aus einiger Entfernung betrachtet – nicht voneinander zu unterscheiden sind.

Als die OLÉ-Anfeuerungsrufe wieder aufflammen, fuchtelt ein glatzköpfiger Hüne in der Menge mit nackten, fleischigen Armen herum und brüllt etwas, das wegen der sich aus purer Begeisterung inzwischen überschlagenden Volksmenge nicht zu verstehen ist. Hinterher stellt sich heraus, dass er – ein Mann aus dem Volk – als Einziger klaren Kopf behalten hatte, denn er rief sinngemäß: „Seid ihr krank? Oder habt ihr nicht mehr alle Tassen im Schrank? Schluss mit OLÉ! OLÉ! Wir sind doch hier nicht beim Stierkampf …!"

Die Auflösung der grotesken Szene für Nichteingeweihte: Der Tänzer mit dem Kopf eines gehörnten Bullen verkörperte einen Stier und die Tänzerin den Torero oder Matador, und sie führte mit dem roten Tuch, Capa genannt, den Stier vor. Die Musik war vermutlich eine Vorläuferin jenes Paso dobles, der die tänzerische Interpretation des Stierkampfes bedeutete und später als Begleitmusik bei Corrida de Toros alias Stierkämpfen intoniert wurde.

*Fußnote: In Portugal wurden und werden Stiere bei entsprechenden Kämpfen nicht getötet …

Die letzte Szene des Puppenspiels ereignet sich im Haus von Ramons Mutter. Dort ist die Fahrt der Kalesche vorläufig zu Ende, denn Ramon ist gekommen, um seiner Mama deren künftige Schwiegertochter vorzustellen.

Aber wie verhält sich seine Mama? Da alle Insassen aus der Kalesche zugegen sind, schaut sie von einem zum anderen, stürmt dann auf Sveas Mutter zu und umarmt und küsst sie überschwänglich.

Mit dieser Verwechslung – auch diese vom Publikum eifrig beklatscht – ist das Chaos perfekt. Aber da alle Beteiligten gebildet und gesittet sind, löst sich das Chaos im Handumdrehen wieder auf. Das Publikum klatscht inzwischen wie besessen in die Hände und ruft theatergemäß „Dacapo!" Besonders, als die Hauptpersonen des Puppenspiels an die Rampe jongliert werden und sich verneigen: Königin Lalande, ihre Tochter Svea, deren Verlobter Ramon und dessen Mutter sowie König Sandanger. Nicht zu vergessen der Autor – in Personalunion Draht- und Strippenzieher des Stücks – Hofnarr Carlo, der sich inzwischen ebenfalls in eine Puppe verwandelt hat …

Dann erstarrt die Volksmenge. Zum krönenden Abschluss spaziert noch jemand an die Rampe – jedoch ohne sich zu verbeugen und mit hochmütigem spitzem Wolfsgesicht: der bitterböse Bösewicht Krapp! Wie nicht anders zu erwarten, wird er mit Buhrufen überschüttet. Da er sich enttäuscht in seinen Schnüren windet, hält Carlo auf ihn zu und fragt ihn unwirsch: „Was willst du hier? Heute hast du bei uns nicht eine Sekunde lang mitgewirkt und hier auch nichts verloren."

Krapp rechtfertigt sich: „Ich möchte etwas richtigstellen. Trotz des mehrfach gebrochenen Wolfsgesetzes ist kein Mensch auf dem Scheiterhaufen verbrannt worden."

Da fährt Carlo ihm in die Parade: „Aber nur, weil etliche Leute Widerstand gegen das von dir erpresste menschenverachtende Gesetz leisteten, indem sie demonstrativ Lammfelle trugen. Sie ließen sich weder erwischen, noch wurden sie verraten. Dass sie überlebten, war eine Kunst oder die Gunst des Schicksals, jedenfalls nicht dein Verdienst!“ Da der Antiheld ein weiteres Mal jämmerlich in sich zusammenfällt, deutet Carlo auf ihn und kommentiert milde: „Aber ohne ihn – eine der ersten von mir gefertigten Puppen – hätte unser Märchen einen völlig anderen, weniger spannenden Verlauf genommen. Also lassen wir ihn hier, sodass alle Welt erfährt, dass der Weg von einer Tragödie bis zur Komödie (und umgekehrt) wie oft im Leben nicht weit ist …

25. Kapitel

Seltsame Erscheinungen im Königsschloss

Die letzten Monate hatten sich für Prinzessin Svea so aufreibend gestaltet, dass sie trotz günstigen Verlaufs innerlich keine Ruhe fand und zu später Stunde noch durch das Schloss geisterte – wie ein Gespenst – mit einem brennenden Kerzenleuchter in der Hand. Irgendwann schien bei ihrer spätabendlichen Wanderung durch das Schloss ein Windstoß eingeschlichen, vielmehr eingebrochen zu sein, oder es spukte, jedenfalls erloschen die Kerzen, und die Prinzessin hatte keine andere Wahl, als zu verharren, bis ihre Augen sich an das Halbdunkel gewöhnt hatten. Dann hastete sie, nein, sie tastete sich weiter. Aus einem Nebengang, der ein wenig Licht zu ihr herübertrug, sah die Prinzessin eine Gestalt einbiegen, und diese ging langsam vor ihr her, ohne sie wahrgenommen zu haben.

Die Gestalt hatte etwa die Größe der Prinzessin und tänzelte und schwänzelte mehr, als dass sie ging, sodass Svea vermutete, eine junge Bedienstete sei heimlich auf dem Weg zu ihrem Liebsten oder zu einer Freundin. Dann merkte Svea, dass die von ihr barfüßig Verfolgte merkwürdig gekleidet war: in ein dunkles, auf seltsame Art geschneidertes Gewand, eine Art, die völlig unüblich war und auf spießbürgerliche Betrachter vielleicht unschicklich gewirkt hätte: mit freiem Rücken. Svea empfand jedoch Entzücken; außerdem hatte diese Tracht den Vorzug, dass die immer neugieriger werdende Prinzessin die von ihr gewissermaßen verfolgte junge Frau nicht aus den Augen verlor.

Mit einem Mal wurde die Prinzessin von eisigem Schrecken durchzuckt. Sie beobachtete, wie sich vom Nacken über den Rücken bis zum Ende des Rückgrats der jungen Frau zwei Nattern parallel hinabringelten. Zu ihrer Beschwichtigung fiel Svea ein, gehört zu haben, Ringelnattern seien nicht giftig; also bestand für die junge Frau und auch für sonst niemanden Gefahr, auch nicht für ein Kind. Trotzdem wuchs Sveas innere Anspannung. Jedenfalls schloss sie noch enger zu der jungen Frau auf. Da bog diese in einen Gang ein, den – wegen in eine Wand eingelassener brennender Pechfackeln – Helligkeit durchflutete. Endlich sah Svea, dass die Bekleidung der jungen Frau nicht dunkel war, sondern bordeauxrot. Es waren auch keine Nattern, die sich von Hals und Nacken über das Rückgrat bis zu deren Steißbein hinunterringelten, sondern zwei Reihen schwarzer Perlen, und diese bildeten einen berauschenden Kontrast zur alabasterfarbenen Haut der jungen Frau – eine Haut, die so makellos schien, dass sie, soweit die Prinzessin es beurteilen konnte, von keinem einzigen Leber- oder Sonnenflecken verunziert schien.

Aber wer war diese Frau? Ihr weiter auf leisen Sohlen folgend, fiel Svea nunmehr deren ebenfalls ungewöhnliche Frisur auf. Da deren Haare blond und hochgesteckt waren, fing Sveas Herz heftig an zu pochen. Die fremdartig wirkende Hochschlagfrisur war der Grund, warum Svea erst jetzt erkannte, wen sie verfolgt hatte: ihre Mutter, denn eine solche Mühe mit ihrer Frisur – das galt auch für ihre Figur – hatte Sveas Erinnerung nach ihre Mutter sich noch nie gemacht. Doch wieso? Um nicht erkannt zu werden? Von ihrer Tochter?

Svea spürte einen leichten Stich, hintergangen worden zu sein. Doch – dem Himmel sei Dank – Fehlalarm! Der Grund, weshalb Mutter sich so große Mühe mit der Gestaltung ihres Haargebildes gegeben hatte, lag auf der Hand: Mutters Nacken, Schultern und Rücken mussten bis zum rückwärtigen Ansatz ihres roten Kleides freiliegen, damit die Pracht der beiden zusammengefügten Perlenketten in vollem Umfang sichtbar wurde! Aber für wen? Selbstverständlich für Sveas Papa! Ob Carlo auch auf diesen Gedanken gekommen wäre? Kaum. Er war ein Mann und auf weibliche Tricks nicht geeicht, aber für solche empfänglich.

Nach diesen Gedanken atmete Svea auf. Das, was sie berührt, der Stich, den sie sogar im Herzen gespürt hatte, löste sich zu einem angenehmen Prickeln auf, der ihre ganze Brust erfüllte, und sie dachte über Mamas geschmückte Rückseite: „Welch erhabener Anblick!"

Aber schon erfolgte der nächste Angriff, dieses Mal ein Angriff ihres kühlen Verstandes auf ihre empfindsame Gefühlswelt. Tatsache war, dass „Kneifzange" Krapp nicht mehr lebte. – Die Prinzessin hatte einen Pagen einem Zimmermädchen zuflüstern hören, Krapp hätte endlich den Allerwertesten zugekniffen, woraufhin Svea sich trotz ihrer anerzogenen Noblesse ein schelmisches Grinsen nicht verkneifen konnte. Der weitere Fakt: Krapp hatte keine Erben hinterlassen, also brauchte Papa in seiner Eigenschaft als König seine durch Nötigung entstan-

denen Verbindlichkeiten Krapp gegenüber nicht mehr abzutragen – mit einer der Gründe, weshalb die Königsfamilie finanziell wieder festen Boden unter den Füßen spürte. Trotzdem hatte Papa versprochen, weiter mit seinen privaten Ausgaben hauszuhalten. Und jetzt seine Rolle rückwärts – ein fataler, vertrackter Rückfall in unselige Zeiten mit einer sündhaft teuren Kette? Die inzwischen blütenweiße Seele von Papa hatte schwarze Sprenkel bekommen – durch schwarze Perlen!

Doch im nächsten Atemzug schalt Svea sich kleinlich. Dass ihre Jahr um Jahr verschollene, verehrte und innig geliebte Mutter wiederauferstanden war, hatte nicht nur die Familie und den Hofstaat, sondern das gesamte Volk des Kontinents so in Hochstimmung versetzt, dass jedes Geschenk, und sei es noch so teuer, gerechtfertigt gewesen wäre. Auch wenn es nur Zuchtperlen wären, wäre die Zwillingskette wertvoller als jedes Geschmeide, allein durch die Liebe, mit der Papa sie ausgesucht hatte. Es stand nur noch die Frage im Raum, warum Mutter sich klammheimlich nächtens zu ihrem Gemahl schlich? Doch es lag noch etwas auf der Hand: die Vermutung, dass Mutter das erlesene Schmuckstück erst an diesem Abend erhalten und, da sie sich inzwischen zurechtgemacht hatte, es zuerst ihrem Herzkönig unter vier Augen vorführen wollte. Nach diesem Gedanken zog tiefer Friede in das von Hoffnung und Zweifeln geplagte töchterliche Herz des Herrscherpaares …

Nachdem die Prinzessin sich spätabends in ihrer Kemenate zur Ruhe begeben hatte, stellte sie sich mit geschlossenen Augen vor, Ramon würde ihr die Kette anlegen – heimlich und selbstverständlich nur leihweise – und die Perlen würden ihr, vom Nacken angefangen, den Rücken hinunterrollen oder hinuntergleiten, und sie spürte ein nie empfundenes angenehmes Prickeln auf der Haut, was Sveas Frage auslöste, wer die einfallsreiche, fantasievolle Kette gefertigt haben mochte.

Da ihr keine Antwort einfiel, richtete sie diese Frage schon am nächsten Morgen unmittelbar, nachdem der erste Hahn gekräht hatte, an Carlo, was bewies, wie wichtig ihr eine schnelle Antwort war. Der aufgeweckte Carlo antwortete aus dem Stegreif verschmitzt, trotz des klaren Morgens nebulös: „Warum in die Ferne schweifen? Sieh, das Gute liegt so nah“, ohne zu ahnen, dass dereinst ein berühmter Dichter diese vage Antwort als Sprichwort aus der Taufe heben würde.

Für die Prinzessin war Carlos Antwort ein Buch mit sieben Siegeln und nicht stichhaltig genug, um diese Siegel zu brechen. Also bohrte sie nach, und Carlo präsentierte eine greifbarere Antwort, die ebenfalls später zum Dichterwort ausarten würde: „Die Axt im Haus erspart den Zimmermann!“

Svea konnte auch diese Antwort nicht deuten, zumal Svea keinerlei handwerkliches Geschick an den Tag legte. Da erklärte Carlo direkter: „Wer eigenhändig mit Werkzeug umgehen kann, braucht nicht die Dienste einer fremden Fachkraft in Anspruch zu nehmen. Ihm muss nur noch das Material zur Verfügung gestellt werden …“

Svea brauchte nur wenige Sekunden, um zu erkennen, auf wen Carlo anspielte, und so fragte sie: „Hat etwa Ramon …? Ja, er ist Goldschmied.“

Carlo straffte sich und antwortete mit künstlich erhobener Stimme: „Außerhalb seiner Fähigkeiten als Maler war die künstlerische Intention und Fertigung der Kette für unsere Königin Lalande Ramons erste Amtshandlung als königlicher Reichs-Goldschmied …“

Anlässlich dieses plötzlichen Karrieresprungs von Ramon ging Svea alles rund, bis ihr klar wurde, dass mit Carlos Geständnis die gesamte Geschichte abgerundet war. Alles hatte damit begonnen, dass Svea in Lissabon in einer Kutsche von Ramon entdeckt worden war und dass er sich auf den ersten Blick hin in sie verliebt hatte. Daraufhin hatte er aus dem Gedächtnis ihr Antlitz gemalt, in ein Medaillon gefügt und dieses über den Kopf gestreift. Er legte es nur ab, wenn er in einem Fluss, einem See oder im Meer badete, beispielsweise daheim in Lissabon im Fluss Tejo oder im Atlantik, damit das Medaillon ihm nicht davonschwimmen könne. Im Übrigen waren sie gemeinsam dort bei seiner Mutter gewesen, und sie würde auch zur Hochzeit geholt werden …

Als Svea ihren Verlobten im Schloss suchte, fand sie ihn nicht, aber kurz darauf tauchte er wieder auf und flüsterte ihr ins Ohr: „Was immer Carlo für uns getan hat, er ist und bleibt ein Schelm. Die doppelreihige Kette mit den schwarzen Klunkern, ich meine mit den schwarzen Perlen, habe ich tatsächlich für deine Mutter ausgedacht und hervorgebracht. Ich drücke es so aus, weil du Reime liebst, und ich hoffe, die Perlenkette gefällt nicht nur deiner Mutter, sondern euch allen … Aber mit der Behauptung, ich hätte mich auf den Thron des königlichen Reichs-Goldschmieds schwingen lassen, wollte Carlo zu meinen Gunsten flunkern. Ich möchte nichts weiter sein als jener, der ich bisher war: ein einfacher Goldschmied aus Lissabon mit dem Steckenpferd zu malen, en miniature und in Lebensgröße – und ich möchte dein Mann werden. Das eine darf das andere nicht ausschließen."

Es war der längste und verzwickteste Satz, den Svea je von Ramon gehört hatte, und sie freute sich ein weiteres Mal über seine Aufrichtigkeit und Bescheidenheit, aber auch darüber, dass er sein Licht nicht unter den Scheffel stellte …

26. Kapitel

Carlos Irritationen mit einem weißen Ritter mit bronzebrauner Haut, dunklen Haaren und edlem Gebaren

Im Laufe der Zeit hatte Carlo das Gefühl, sich selbst übertroffen zu haben. Außer als Harlekin nahm er im Königsschloss auch die Aufgaben eines professionellen Puppenspielers, Psychologen, Kulturreferenten, Finanzberaters sowie eines „Ministers für Außerordentliches“ wahr. Diese vielfältigen Funktionen erfüllten ihn jedoch nicht mit Stolz; vielmehr fürchtete er, sich übernommen zu haben und das machte ihn wankelmütig – auch hinsichtlich der Einschätzung seines Schützlings Ramon. Seit der Expedition nach Island war Ramons Ansehen noch weiter gestiegen, und Carlo überlegte, seinen Freund ein wenig zu bremsen, um dem Eindruck vorzubeugen, im Überschwang würde dieser über den ihm gebührenden Rang innerhalb der Königsfamilie hinausdrängen.

In diesem Zwiespalt ließ Carlo die gesamte Entwicklung um Ramon gedanklich Revue passieren, natürlich nur auf der Basis, wie er sie kannte und wie sie ihm zugänglich war, ohne dass er Druck ausübte. Schmunzelnd dachte Carlo daran, dass die Liebe zu seiner Prinzessin ihn dazu bewogen hatte, nach Ramons Spiegelbild eine Wachspuppe zu modellieren, die auf dem Scheiterhaufen dahinschmolz. Geraume Zeit später hatte Übeltäter Krapp selbst sein Leben ausgehaucht, als er den vermeintlich toten Ramon leibhaftig vor sich sah …

Ein Zeitsprung in die Zukunft. In der Beziehung zwischen Carlo und Ramon kam es zu einer Unterbrechung, da dieser maßgeblich an der Expedition nach Island und der Erkundung nach Verbleib und Rettung seiner künftigen Schwiegermutter, der verschollenen Königin Lalande, beteiligt war. Anschließend erntete er noch mehr „Ruhm und Ehr“, als seine Bilder und Gemälde, die er während der langen Überfahrt von Island aufs Festland an Bord der Fähre geschaffen hatte, im Rahmen einer Ausstellung bei Hofe gezeigt wurden – erneut mit Unterstützung Carlos …

Im Bemühen um Objektivität meinte Carlo, aufgrund dessen ein wenig auf Distanz gehen zu müssen. Angesichts der unfasslichen märchenhaften Karriere eines jungen Halbbluts aus dem fernen Portugal war Carlo irritiert, und er fragte sich, ob Ramon ihm entglitte, obwohl oder weil er sich mit Ausnahme des Islandreise nahezu hautnah an dessen Seite befand und dessen Karriere auch noch befördert hatte. Außerdem konnte er sich dem Charme, Charisma und Charakter dieses jungen Helden genau so wenig entziehen wie die gesamte Umgebung. Aber Ramon besaß nicht nur Charme und Charisma, er schien auch ohne Harm …

Nach dieser innerlichen Bestandsaufnahme versuchte Carlo, ein Fazit zu ziehen. Was steckte hinter Ramon? Volkstümlich gefragt: Würde ein Kritiker ein Haar in der

Suppe des Mannes finden, der einer Wachspuppe sein Leben verdankte und kein Jota schwankte?

Ramon erschien allüberall als strahlender Held, als Überflieger und Sieger. Als weißer Ritter mit bronzebrauner Haut, dunklen Haaren und edlem Gebaren hatte er im Sturm das Herz einer nordischen Prinzessin erobert, strahlend schön wie ein junger Morgen in den Fjorden. Aber wo waren Ramons Schattenseiten verborgen? Seien Mysterien? Seine Wunden …?

Carlo stellte Ramon keine Falle, er stellte ihn auch nicht auf die Probe und warf ihm auch keinen Fehdehandschuh vor die Füße, sondern, wie es seiner Art entsprach, suchte er mit ihm das Gespräch. Er fragte sich jedoch, ob Ramon tiefere Blicke in seine Vergangenheit und sein Leben zuließe. Ramon war einverstanden, und so zogen die beiden sich an einem späten Abend miteinander in Carlos Privatgemach zurück bei Kerzenschein, Rauchwaren und rotem Wein.

Wie von Carlo vermutet, bedeutete die erste Berührung zwischen Ramon und der Prinzessin, auch wenn sie nur indirekt stattfand, eine Schlüsselszene für das gesamte weitere Geschehen – jedoch nicht so, wie von Carlo vermutet oder wie er in Erinnerung hatte …

Während Ramon in seiner Heimatstadt Lissabon zwischen unzähligen Zuschauern am Straßenrand ausharrte, brauste die sehnlich erwartete Kalesche in vollem Galopp ihrer Pferde heran. Dann passierte etwas, das Carlo nicht wusste, vermutlich, weil es nach außen hin zu unbedeutend schien, erwähnt worden zu sein.

Plötzlich musste die Kalesche anhalten, weil Maskierte ihr in die Quere kamen. Einige Umstehende befürchteten einen Anschlag. Doch die Maskierten entpuppten sich als flirrende Fastnachtsgestalten, was schon damals nicht ungewöhnlich war und kein Aufsehen erregte; allenfalls war es für Kutscher und Fahrgäste ein wenig lästig, für die Zuschauer am Straßenrand eher lustig.

Als Ramon in die Kutsche blickte, sah er, dass der Platz zur Rechten von Königs Sandanger verwaist war, woraus Ramon die Schlussfolgerung zog, eine wichtige Person würde fehlen. Da von einem Baldachin überdacht, schien der Platz ursprünglich zum Schutz für eine weibliche Person gedacht.

Bevor Ramon sich weiteren Gedanken hingeben konnte, flog plötzlich ein kohlrabenschwarzer Vogel heran – eine Krähe oder ein Rabe. Dieser Vogel ließ sich ausgerechnet auf dem Baldachin nieder. Ein schlechtes Omen? Ramon wusste, dass diesen Vögeln mythische Bedeutungen zugeschrieben wurden, und so war Ramons erster Gedanke, den Vogel, der möglicherweise ein Unglücksbote hätte sein können, zu vertreiben. Aber angesichts der vielen Menschen ringsum schien Ramons Verlangen ein unmögliches Unterfangen, sich dem gefiederten Flattertier auch nur bemerkbar zu machen.

Dann überschlugen sich die Ereignisse. Als hätte der mögliche Unglücksrabe sich die Zehen oder Krallen verbrannt, stieg er plötzlich hektisch flügelschlagend empor und suchte kreischend das Weite, was Ramon aufatmend als günstiges Vorzeichen wertete.

Zwischenzeitlich überlegte Ramon, was es mit dem freien Platz neben König Sandanger auf sich habe. In Ramons Vorstellung hatte der Baldachin in zweifacher Hinsicht eine Schutzaufgabe zu erfüllen: bei düsterer Witterung vor Regen, Hagel, Eis und Schnee zu bewahren und bei wolkenlosem Himmel vor der brennenden Sonne. Aber wem galt dieser erhebliche Aufwand? In diesem Moment stellte eine junge Einheimische, die neben ihm stand, wie von Ramon gedanklich inspiriert, an ihren Begleiter eine entsprechende Frage, und ihr Begleiter wusste Bescheid: Der Platz war reserviert für König Sandangers Gemahlin Lalande. Dies löste die Frage aus, warum die Königin abwesend war. War sie unpässlich oder sogar krank? Hatte sie einen Unfall erlitten? Oder waren günstige Umstände eingetreten wie eine Schwangerschaft? Tatsächlich waren noch schlimmere Ereignisse eingetreten als Krankheiten oder Unfälle: Königin Lalande galt als verschollen! Auch dies erfuhr Ramon von seinem unmittelbaren Nachbarn.

Erst jetzt nahm Ramon neben dem für Königin Lalande bestimmten und nunmehr leeren Platz eine weitere wichtige Person wahr: Die Tochter von Königin Lalande und ihrem Gemahl König Sandanger: deren Tochter Svea! Und von dieser Sekunde an hatte Ramon nur noch Augen für sie! Aus welchem Grund er als Gegensatz zu ihrer unermesslichen Schönheit und ihrem Liebreiz auch den schmerzlichen Zug um ihren Mund gezeichnet hatte, war ihm nicht bewusst; er hatte es nicht bemerkt, und als er darauf aufmerksam gemacht wurde, wollte er es nicht wahrhaben und suchte Zuflucht in einer Ausrede: „Während meiner langen Wanderung von Portugal über den Golf von Biscaya weiter in nordwestlicher Richtung bin ich zwangsläufig in die Hauptstadt des Franzosenlandes geraten, die den Namen Paris führt, und habe dort in einem berühmten Musentempel neben vielen Besucherinnen und Besuchern das Bildnis einer jungen Dame betrachtet, deren Lächeln gerühmt wurde, aber aus meiner Sicht war dieses Lächeln umstritten, zumindest seltsam. Einige behaupten, ihr Lächeln sei geheimnisvoll, andere bezeichnen es als hintergründig, ich erlebte ihr Lächeln nur als freundlich, aber die Streuung der Einschätzungen war so vielfältig, dass ein Scherzbold oder Spaßvogel sich zu der Behauptung verstieg, die Dame würde griemeln – möglicherweise über die uneinigen oder sogar unqualifizierten Zuschauer."

Der hartnäckige und gebildete Carlo ließ sich nicht abschütteln: „Bisweilen zu griemeln, ist meine Sache als Harlekin. Ich weiß, auf welche Dame du anschielst, ich meine anspielst, du gerissener Scharlatan …" Er drohte Ramon scherzhaft mit dem Zeigefinger. „Du willst auf die berühmte Mona Lisa, auch Gioconda genannt, hinaus. Unterschiedliche Wahrnehmung und Einschätzungen sind an der Tages- und Nachtordnung – in fast allen Bereichen. Dass in dem von dir geschaffenen Medaillon ein schmerzlicher Zug die vollen schönen Lippen unserer Prinzessin kräuselt, ist jedoch für jedermann und jede Frau unbestritten …"

Nach einer Kunstpause, die Carlo nutzte, um sich einen weiteren Schluck köstlichen Rotweins zu Gemüte zu führen, gelang ihm der Durchbruch mit auch für Ramon völlig überraschenden Argumenten: „Diesen Zug um den Mund habe ich, wenn du traurig oder nervös warst, schon früher sogar in deinem eigenen Gesicht wahrgenommen. Und da ich dich jetzt wieder anschaue, erkenne ich diese Mundbewegung erneut, und auch das leichte Zittern deines Schnauzbartes verrät dich.“ Während Ramon um Fassung rang, erteilte Carlo ihm den nächsten, aber ebenfalls als Aufmunterung gemeinten Hieb: „Und so sage ich dir auf den Kopf zu: Vermutlich hast du schon als kleiner Junge etwas so Schreckliches erlebt, dass es sich für alle Zeiten tief in deine Seele eingebrannt hat, und bei Gelegenheit wie jetzt drängt es in den Tag … Auch wenn es dir tatsächlich nicht bewusst ist und du es nicht wahrnimmst, gilt dies für mich als Zeichen, dass du ehedem mindestens einen so enormen Verlust erlitten hast wie unsere Prinzessin …“

Da fiel es wie ein Dunstschleier oder sogar wie die Krankheit Katarakt alias Grauer Star von Ramons Augen; er ergab sich und enthüllte Freund Carlo seinen gesamten schicksalsträchtigen Hintergrund: Als Junge von neun Jahren musste Ramon damit fertig werden, dass er sein innig geliebtes Schwesterchen Dolly, Taufname Dolores, verlor. Dolly war nicht verschollen wie Königin Lalande und auch keinem Verbrecher oder feindlichen Soldaten in die Klauen geraten, sondern von einem Tag auf den anderen spurlos verschwunden. Jegliche Suche blieb erfolglos. Bis etwas passierte, das seine Umwelt als „Ausuferung von Ramons üppiger kindlicher Fantasie“ umschrieb und verschrie. Er träumte, Dolly hätte am Ufer des durch Lissabon fließenden und sich in den Atlantik ergießenden

Flusses Tejo gespielt. Dolly war ausgeglitten, ins Wasser gefallen, und da der Tejo Hochwasser führte, war Dolly fortgeschwemmt und nach der Mündung von meterhohen Wellen im atlantischen Ozean überschüttet und begraben worden. Dieser grausame Traum wirkte umso unglaubwürdiger, da es unmöglich schien, Dolly sei von daheim zum weit entfernten Tejo gelangt. Bis ein Seelendoktor auf den Gedanken verfiel, Dolly sei tatsächlich ertrunken, aber in einem seichteren Wasser. Tatsächlich wurde sie in einem nahen Teich geborgen. In welchem Teich, das wurde Ramon verheimlicht, anderenfalls hätte der zum Nachsetzen neigende Junge darauf bestanden, an diesen Teich herangeführt zu werden und wäre vor Herzschmerz wahnsinnig geworden …

Aus dieser Tragödie erwuchs Carlo folgende Erkenntnis: Wegen dieses Schicksalsbandes empfand Ramon die Prinzessin Svea unterschwellig vermutlich als Leidensgenossin, und so wurde auf dem Miniaturbild in dem Medaillon, welches Ramon weiterhin Tag und Nacht um den Hals trug, der schmerzliche Zug um Sveas Mund geboren, und die Liebe zu Svea und umgekehrt wurde unverbrüchlich.

Und nun? Carlo hatte bewusst die Wahrheit aus Ramon herausgepresst, aber der Preis war hoch, und so machte er sich Vorwürfe, bei Ramon alte Wunden aufgerissen zu haben. Ramon bedankte sich jedoch bei Carlo, weil ihm erst durch dessen bohrende Fragen endgültig bewusst geworden war, wieso ihm bei der Miniaturzeichnung eine Parallele zwischen der Misere der Prinzessin und einer eigenen unterlaufen war.

Damit schien das Zwiegespräch zwischen Carlo und Ramon beendet. Aber Ramon verzog das Gesicht, als sei er noch in Gedanken in der alten kalten verheerenden Zeit gefangen. Auch Carlo war gefangen, respektive befangen: „Darf ich bei Ramon nachfragen? Oder soll ich ihn in Frieden lassen?“ Aus dieser Zwickmühle zwischen seinem Hang zur Eindringlichkeit und dem konkreten Drang zur Zurückhaltung wurde Carlo von Ramon befreit, indem dieser, wenn auch auf völlig andere Weise, selbst auf Schwesterchen Dolores zurückkam.

Ein Onkel, Bruder der Mutter, mit Namen Jaime hatte in Dolores' Gegenwart von der berühmten Burg oberhalb Lissabon geschwärmt, vor allem von dem fantastischen magischen Ausblick über die Stadt und die Umgebung. Dolly, die an den Lippen ihres Patenonkels hing, als würden diese ihr einen persönlichen Besuch der Burg verheißen, sagte: „Von Castelo de Sao Jorge aus (Burg des Heiligen Georg) ist hoffentlich unser großer Fluss Tejo zu sehen.“ Daraufhin erfuhr sie die Besonderheit des Tejo, sich an etlichen Stellen so zu verbreitern, dass er dort jeweils wie ein See wirkte. Da klatschte die Kleine begeistert in die Hände und wollte erst recht dieses Schauspiel genießen – und darüber hinaus noch ein weiteres, da Onkel Jaime vom langsamen Übergang von der finsteren Nacht zum frühen lichten Morgen schwärmte, wenn die Sonne aufgeht und die Stadt allmählich erwacht.

Ramon erinnerte sich, Jaime hätte seiner Schwester weiter den Mund wässerig gemacht, indem er außerdem erwähnte, der Weg von der Stadt aus hoch oben zur Burg sei ein Klacks, also ohne weiteres zu Fuß zu bewältigen –

auch für ein kleines Mädchen –, allerdings nur in Begleitung seiner Lieben, wobei er ihre Mutter und ihren großen Bruder anblickte und Dolly wiederum verheißungsvoll die Hand auf die Schulter legte. Dass er Mutter und Sohn damit gewaltig unter Druck setzte, nahm er Dolly zuliebe in Kauf.

Um die Fantasie der Kleinen nicht ausufern zu lassen, goss Tante Catalina Wasser in den Wein von Dollys Hoffnungen, indem sie behauptete, wegen des enormen Wasseraufkommens in der Nähe – auch der Atlantik sei nur einen Katzensprung entfernt –, breite sich frühmorgens oft Dunst oder sogar Nebel über die Stadt, und so sei kaum eine Hand vor Augen zu sehen.

Da Dolly ihren Bruder enttäuscht angeschaut hatte, rettete dieser die kleine Seele, indem er seinerseits die Behauptung entgegenstellte, während des Abstiegs würden früher oder später Dunst und Nebel von der Sonne vertrieben wie böse Geister und die Aussicht freigeben, woraufhin sein Schwesterchen selbst strahlte wie die Sonne.

Nunmehr sah Carlo eine Gelegenheit, Ramon zu fragen, ob die Wanderung mit Dolly zur Burg tatsächlich stattgefunden habe. Da verdüsterten sich Ramons Blick und Stimmung wieder, und er musste zugeben, wegen des Todes seiner Schwester sei es nicht mehr zur Burgbesteigung gekommen. Und Ramon war persönlich so traumatisiert, dass er sich bis zum heutigen Tage außerstande sah, diesen Weg nachzuholen …

Danach hatte sich noch ein Desaster ereignet. Ramon träumte, Lissabon würde von einer Feuersbrunst heimgesucht. Damit nicht genug, tat sich in seinem Alptraum an vielen Stellen die Erde auf, und sein Schwesterchen versank spurlos in einer Erdspalte …

Carlo zeigte sich über die Vielfalt, sogar Steigerung negativer Erlebnisse seines jungen Freundes tief betroffen, versuchte aber, diese ein wenig zu mildern, indem er die Vermutung äußerte, Dolores' tatsächlicher Tod durch Ertrinken in einem Teich und ihr traumatisches Untertauchen in einer Erdspalte hätten sich vermutlich in Ramons Unterbewusstsein miteinander verbunden, und das sei als ein einziges Unglück zu betrachten …

Carlo konnte nicht ahnen, dass Ramon möglicherweise einer Vision erlegen war. Etliche Zeit später, im Jahre 1755, wurde Lissabon tatsächlich von einem Erdbeben heimgesucht, so heftig, dass die Hälfte der Stadt zerstört sowie unzählige Menschen und Tiere dahingerafft wurden. Auch die Burg fiel dem Beben zum Opfer. Aber im Laufe der Jahre wurde alles wieder aufgebaut.

(Fußnote: Die heutige Burg wirkt mit nunmehr sieben Türmen möglicherweise imposanter als je zuvor.)

Trotzdem fand Carlo immer noch keine Ruhe. Wochen später meinte er, Ramon weitere Ratschläge erteilen zu müssen und sprach ihn bei einem Spaziergang auf verschlungenen Pfaden in einem halb verwilderten Garten an: „Damit alles ins Reine kommt und auch du deine Ruhe findest, habe ich eine dringende Bitte an dich."

Um Carlo gleichfalls Ruhe zu gönnen, erwiderte Ramon: „Schon im Voraus sei deine Bitte erfüllt. Tu dir keinen Zwang an. Frei heraus mit der Sprache, wie es dir entspricht." Da bat Carlo seufzend: „Gestehe unserer innig geliebten Prinzessin den Zusammenhang zwischen den

Unglücksfällen deiner und ihrer Familie, es wird euch noch stärker miteinander verbinden.“ Da erwiderte Ramon lächelnd: „Das ist längst geschehen, guter Freund, und in diesem Wissen sind auch Sveas Eltern vereint …“ Dann umarmten die beiden einander …

So dramatisch dieses Kapitel verlief – mit Pauken und Trompeten –, so ungezwungen klang es aus. In der Abenddämmerung desselben Tages flüsterte eine Küchenfee bei Hofe einem mit ihr verbandelten Blumenmädchen ins Ohr: „Vorhin habe ich in einem unserer Gärten zwei Herren der Schöpfung, die ich wegen Verwitterung und Verzweigung dieses Gartens nicht erkannte, in inniger Umarmung gesehen.“

Ihre Freundin fragte: „Haben die beiden einander auf den Mund geküsst, wie wir beide es zuweilen tun?“

Doch ihre Neugierde wurde nicht restlos befriedigt, denn sie kriegte scherzhaft zu hören: „Das konnte ich nicht erkennen. Aber als die beiden Granden beisammenstanden, war es ein Bild für die Götter …“

27. Kapitel

Carlo inszeniert ein Puppenspiel für Kinder

Eine Szene, die Kindern besonders viel Spaß macht, zumal darin Prominente aufs Korn genommen werden

Auf einer grünen, mit einem großen Baum bewachsenen Wiese tummeln sich Prinzessin Svea und ihr Verlobter Ramon.

Svea singt ein auf Ramon zugeschnittenes lustiges Lied:

Ramon ist vor keinem Bange,
weder vor der Zahnarzt-Zange
noch vor einer Python-Schlange.
Doch in seinem Überschwange
schlägt er oft über die Stränge.
Dann kriegt er von Carlo Senge
mit der langen Fahnenstange …

Dieses kleine Lied wird durch die agierenden Puppen mit Leben erfüllt – in der Reihenfolge, wie sie im Lied erwähnt werden.

Der entsprechend gekleidete Zahnarzt kommt hinter dem Baum hervor und rückt Ramon mit einer riesigen Zange zu Leibe. Woraufhin der „unbesiegbare, große Held“ zu Tode erschrocken Reißaus nimmt.

Kaum dem Zahnklempner entronnen, stolpert Ramon über eine Wurzel des Baums, als hätte dieser ihm ein Bein gestellt. Aber die Wurzel wird lebendig und verwandelt sich in eine lange Schlange. Erneut sucht Ramon das Weite, wird aber von der Schlange gestellt. Daraufhin ringelt sie sich um seinen Oberkörper und den Hals und würgt ihn. Doch es gelingt ihm, sich ihrer zu entledigen, und er gebärdet sich dann übertrieben als großer Sieger, indem er sich wie ein Pfau aufplustert und seinem Opfer auch noch jubelnd auf den Schwanz tritt.

Diese demütigende Geste ruft Carlo auf den Plan. Mit der im Lied besungenen Fahnenstange dringt Carlo auf Ramon ein. Entsprechend seiner Lage stehen Ramon die langen dunklen Haare zu Berge oder sie flattern im Wind. Indessen holt Carlo so heftig zum Schlag aus, dass die Fahne davonfliegt, und beide Männer entschwinden aus dem Bild. Die zuschauende Prinzessin amüsiert sich königlich, und die Kinder auf den Rängen toben vor Begeisterung …

28. Kapitel

Der König flaniert mit seiner Gemahlin durch den Schlosspark

Kurze Zeit später flanierten König Sandanger und Gemahlin durch den Schlosspark. Während er einige brandneue Blumenbeete begutachtete, lugte Lalande zwischen halb vorgezogenen Portieren in einen Pavillon, empfing aber dann ihr Ehegespons trotz strahlendem Sonnenschein mit umwölkter Stirn. Ihr Gatte merkte sofort, dass etwas im Busch lag und wappnete sich innerlich vorsorglich gegen ihren Vorwurf: „Du hattest mir hoch und heilig versprochen, nicht mehr tief in …“

Davon überzeugt, genau zu wissen, mit welchen Vorwürfen seine Gattin ihn überschütten würde, ließ er sie nicht ausreden und holte zu einer längeren Rechtfertigung aus: „Bester Schatz, ich habe unseren gemütlichen, schnuckeligen, schmusigen Pavillon seit Tagen nicht betreten – und erst recht kein Glas und keine Flasche auf dem kleinen Korbtisch stehen lassen, sodass ich keine Gelegenheit hatte – siehe deine Anspielung –, tief ins Glas zu schauen.. Außerdem genehmigst du dir beim Abendmahl selbst gern ein Gläschen Roten oder Weißen oder du nimmst als Nachttrunk ein Klosterlikörchen zur Brust …“

Lalande hob beide Hände zur Abwehr gegen sein vermutlichen weiteren Rechtfertigungen und Rundumschläge, aber in Fahrt geraten, ließ ihr Gatte sich nicht unterbrechen: „Als wir letzthin in den Süden kutschiert sind, etwa nach Lissabon zu Sveas künftiger Schwiegermutter – vorher waren wir im Franzosenland und später auf der Apenninenhalbinsel der Italiener sowie in Sizilien. In jedem Fall haben wir beim Mittagsmahl kein Gläschen Wein ausgelassen und schon gar nicht verachtet – gemildert durch die Sitte, den Wein mit Quellwasser zu versetzen. Und diese Sitte ist dir und mir gut bekommen."

Als ihr redseliger Gatte endlich schwieg und wieder zügig Luft holte, erstickte Lalande fast vor Lachen und sagte dann: „Wärest du mir nicht ins Wort gefallen, Liebster, dann hättest du dir den Atem für deine Bankettrede sparen können. Ich wollte dir nicht vorwerfen, du hättest zu tief ins Glas geschaut – sondern, du hättest gegen dein Versprechen verstoßen, wieder tief in unsere Schatztruhe zu greifen." Da ihr Gemahl verdattert dreinschaute, sprach sie weiter: „Als ich zwischen den Vorhängen unseres Pavillons hindurchblinzelte, erblickte ich deine neueste Errungenschaft, und sie ist künstlerisch so anspruchsvoll, dass sie mehr gekostet haben muss als alles, was du je erworben hast …"

Auf der krausen Stirn ihres Gatten hätte sie ablesen können, dass er keinen Schimmer davon hatte, worauf sie hinauswollte, und so schnabulierte sie weiter: „Ich spiele auf die eng umschlungene Doppelskulptur an, deren eine Hälfte aus weißem Marmor besteht – allein schon dieser Teil muss ein Vermögen gekostet haben – und deren andere Hälfte aus schwarzem Marmor oder aus Bronze. Von der schräg einfallenden Sonne geblendet, empfand ich das Innere des Pavillons als so verschwiemelt, dass ich das Material leider nicht genau einordnen konnte. Und jetzt verrate mir, warum du um Himmels Willen diese gewiss eindrucksvolle Doppelskulptur erstanden hast und aus welchem Anlass …!“

Des Königs erster Impuls war, am Verstand seiner Gattin zu zweifeln – zu grotesk waren ihre Eindrücke; der zweite Gedanke: Sie hätte – gegen den bisherigen äußeren Anschein – in Island doch innere Schäden, zumindest Wahrnehmungsschwächen erlitten und würde künftig einer künstlichen Sehhilfe bedürfen. Der dritte und vernünftigste Impuls war jedoch, seinerseits einen Blick in den Pavillon zu werfen, um festzustellen, welchen Irritationen seine Liebste erlegen war.

Nachdem er dies getan hatte und zu seiner Nörgel-Lalande zurückgekehrt war, schloss er sie in die Arme und klärte sie erleichtert auf: „Was du gesehen hast, mein Schatz, das sind keine Skulpturen oder sonstige Kulturen. Es ist ein höheres Gut, genauer gesagt, sind es zwei Lebewesen aus Fleisch und Blut. Hinter deiner Wahrnehmung einer Figur aus hellem Marmor verbirgt sich niemand anders als unsere hellhäutige, wunderschöne und von der Natur makellos geformte Tochter. Und der von dir ebenfalls als Figur wahrgenommene, gleichfalls makellose dunkle Korpus gehört unserem künftigen Schwiegersohn Ramon. Er ist Portugiese, stammt aber, wie du weißt, väterlicherseits nordafrikanischen Völkern ab. Sein Vater war Marokkaner, Algerier, Tunesier, Ägypter oder – was weiß ich. Und daher wirkt er von der Gesichtsform und vom Ausdruck her nicht negrid, sondern gemischt europäisch. Im Übrigen, als ich die beiden sah, wirkten sie nicht als Statuen, sondern quicklebendig, denn sie wiegten sich – wenn auch nur leicht bekleidet – miteinander im Tanz …"

Nachdem Königin Lalande sich von ihrem fundamentalen Irrtum erholt hatte, bildeten sie und ihr Gemahl lachend ebenfalls eine Doppelstatue, aber unauffällig, zurückhaltend und nur sehr kurz. Just in diesem Augenblick kamen Prinzessin Svea und ihr Vertrauter, der Hofnarr Carlo, des Weges. Svea fragte ihn, was die spontane Umarmung ihrer Eltern zu bedeuten habe, da antwortete Carlo vieldeutig scherzhaft. „Sie erfreuen sich aneinander, zeigen dies aber vermutlich nur kurz, um ihre öffentliche Wirkung als Vorbilder nicht zu untergraben." Und beide lachten so eindringlich, dass Sveas Eltern zusammenzuckten, vielleicht, weil sie sich mit ihren Gefühlen zueinander ertappt fühlten …

Letztes Kapitel

Ein mit knapper Not verhindertes Eifersuchtsdrama

Das letzte Kapitel in dieser fantastischen märchenhaften Erzählung gebührt dem neu geschaffenen Ministerium für Öffentlichkeitsarbeit. Eine offizielle Beobachterin der Szene im Schlosspark schilderte: „Plötzlich kam es zu einem Tumult. Ein dem Vernehmen nach zur Eifersucht neigender, seiner Koppel ausgebüxter Hengst, namens Willcox oder so, preschte im Schweinsgalopp hopplahopp herbei und versuchte, die kleine königliche Gruppe zu sprengen, um König Sandanger die Herzdame abspenstig zu machen. Aber bevor es zum Eklat kommen konnte, schaffte es Prinzessin Svea mit zarter Hand, den aufmüpfigen Hengst zu besänftigen – und zwar mit seiner Lieblingsspeise: einer Möhre. ‚Einfach süß, unsere Prinzessin‘, befand ein Betreuer von Wildbolz und tätschelte dessen Nacken …“